罠猟師一代

九州日向の森に息づく伝統芸

飯田辰彦

みやざき文庫38

運命のいたずらで出会ったひとりの狩人。
その偶然がもたらしたのは、
豊かな山の『物語』だった。
九州最後の罠猟師が語る狩猟の真実と、
移りゆく自然の営み……。

使い古された林さんのザック(上)と、
罠猟に使う道具・材料のすべて

林さんが補助的に使うトラバサミ式の罠。括り罠を見破るシシやシカに対して用いると効果的だ

目次

獣の気配

2	1	
5	4	3

1 ウジ（獣道）で見つけたシシの糞
2 黒豆大ほどのシカの糞
3 若芽をシカに食べられたツゲの幼樹
4 木の根方に残るシシが体をこすり付けた跡
5 シカに表皮をかじり取られた雑木

シシがサワガニを食べたあとに、
小さなハサミだけがきれいに
残されていた

6	5	2	1
	7	4	3

1 シシが地中のタケノコを掘りかえした跡
2 赤土のぬかるみに残るシシの足跡
3 林道の法面にもウジが通る
4 シシがこすり付けたドロを指さす林さん
5、6、7 シシの水場である“ニタ”の三態

カシの林に残るシシの捕獲場所。
必死に暴れるために、深い穴ができる

山の斜面に走るウジ。素人には、
これが獣道と言われても、容易に
判断がつかない

シカが罠にかかった現場。いかに
必死にもがいたか、一目瞭然だ

罠にかかったシシを前にしての記念撮影。
左４人が椎葉の猟師。右端が林豊さん

だし抜けに訪れたドラマのはじまり

ツキに見放されたのちに……

縁とは〝異な〟ものである。あの出会いがなかったら、この物語はけして語られることはなかったのだから……。

昨年（平成十六年）の一月下旬、場所は宮崎県東臼杵郡西郷村小原の山中、そこで私はひとりの罠猟師にめぐり合ったのだった。今思いかえしてみても、それはまさに〝邂逅〟としか言いようのない、まことに奇跡的な出会いだった。

この日の早朝、私は椎葉村《しいばそん》の猟師たちと小原のダム湖（笹陰ダム）のほとりで待ち合わせ、彼らの猟（鉄砲）の一部始終を取材させてもらうことになっていた。

私はこれまで二十年近く、椎葉村の暮らしと民俗をライフ・ワークとして追いかけてきた。すでに、『山人の賦、今も』（河出書房新社）『生きている日本のスローフード』（鉱脈社）の二冊の本を上梓している。その中でも自白しているとおり、こと狩猟に関しては、私はまったくツキに見放されている。

要は、組狩りであろうがひとり狩りであろうが、これまで何度も椎葉の猟師の猟に同行させてもらったにもかかわらず、一度として獲物がとれた試しがないのである。最近では、ひょっとしたら私は森の疫病神ではないかと、少なからず悩んでいたところだった。しかし、こうした経験を重ねるにつれ、私にはおぼろげにとれない理由が分かってきた。

どういうことかといえば、それまでなかった私という存在がとうにシシ（イノシシ）やシカに察知され、それを彼らは異変と判断し、普段にも増して警戒を強めたからに違いないのだ。猟師と野生動物だけの空間に、私という異物が闖入《ちんにゅう》したことを、彼らはその瞬間に察知していたのではないか。一説に、シシの嗅覚は犬の数倍、また人間の二百倍といわれている。私という新しい匂いにいち早く感づき、彼らは最高度の警戒態勢に入っていたというわけだ。だから、このときも、自然の〝空気〟を乱していることを自覚していた私は、あまり期待せずに椎葉の猟師たちの尻について、猟のスタートを待ち構えていた。

猟師組のメンバーは、小河内《こがわち》（大字松尾）からやってきた四人。原田武をカシラに、その息子の篤、同じ小河内に住む蝉尾《せみお》豊と椎葉次生《つぎお》の面々だった。ふだんの山仕事でもこの四人でチームを組んでいるとかで、いかにも気心が知れた同士という雰囲気が伝わってくる。じつは前日、私は椎葉の親しい知人に、「こんどこそ獲物に出会えるよう、これまで同行したことのない猟師を紹

介してほしい」と、泣きを入れていた。

　その知人が紹介してくれたのが、今日の前にいる原田を中心とした小河内の組というわけだ。前日も私は、これまで何度か同行させてもらったことのある不土野《ふどの》（大字）の猟師、椎葉幸一に無理を言って、雪降る奥山を猟犬とともに歩いてきたばかりだった。案の定、猟は空振りで、凍てつく寒さばかりが身にしみた。そんな事情もあって、私は内心では、物静かなもの腰の原田にすがるような気持ちだった。

　ダム湖北側の林道を二キロばかり進んだところで、猟師組はいかにも勝手知ったる場所のごとく、軽トラックを道脇に寄せ、そそくさと猟の

椎葉を代表する猟師のひとり、椎葉幸一さん。小河内の組に同行する前日、不土野の雪山を一緒に歩いた

準備にかかる。原田の話では、基本的には狩の猟場は地元小河内の周辺の山だそうだが、ときにさらなる獲物を求めて村外にまで遠征を試みるらしい。ここ西郷村の小原には、獲物にありつくチャンスが多いこともあって、シーズン中たびたびやってくるのだという。

　なるほど、きょうの猟場となる緩傾斜の浅い谷を見上げると、カシなどの照葉樹が密生する豊かな林相であることに気づく。針葉樹の造林をひたすら進めてきた椎葉などでは、もはやお目にかかれない景観だ。「ドングリとかカズネ（クズ）を食べて育つ〝山ジシ〟は、肉がかばしくて、甘いですから……」と、すかさず原田の解説が入った。そういえ

1 猟に出る前、山の神に祈りを捧げる椎葉幸一さん
2 タカウソを吹く蝉尾豊さん

ば、椎葉のベテラン猟師たちは近年、口を揃えて「最近のシシはみな痩せていて、まずくて……」と嘆いている。

　原田はセコ役に篤と椎葉、蝉尾とみずからはマブシに回ることを決めて、それぞれ所定の持ち場につく。マブシが谷中腹の左右に散ったところで、ふたりのセコが谷上方から十匹ほどの犬を放つ。その途端、物陰に潜んでいたシシが犬に追われて、一目散に谷を駆け下りはじめた。しかし、シシは想定外のルートに逃げこみ、セコを巧妙にかわし、なおも谷を下り続けた。

　しかし、谷の下方はダム湖の水面で行き止まりになっており、シシは図らずもみずから袋小路に入り込んでしまった。犬がシシを追いつめた場所に四人の猟師が殺到したとき、異変が起こった。シシが突然動きを止めたのだ。それは猟犬の勢いにたじろいだわけではなく、仕掛けられていたシシ罠に見事に足をとられ、身動きできなくなってしまったがためだった。

　拍子抜けしたのは椎葉の猟師たちで、それでも気を取り直し、鉄砲でシシの息の根をとめたあと、こうした場合の取り決めにしたがって、速やかに携帯電話で罠の掛け主に連絡を入れる。相手は日向《ひゅうが》在住の林豊《はやしゆたか》という罠猟師で、猟師仲間ではよく名の知れた人であるらしい。

　この時点では、林がどの程度の（技術を持った）猟師で、かつどのような人間性を備えた人物か、私にはまだ皆目見当がつかなかった。じっさい、ここから限りなく豊饒で、人の心を揺さぶる壮大な山の物語が紡ぎ出されようとは、夢想だにできないことだった。だから、縁は異なものなのである。

ワイヤーからシシをはずす原田さん
（下）と椎葉さん。この急斜面にさえ、
ウジは通っていたのだ

沢の法面に仕掛けられた罠にかかったシシ。すでに心臓を射抜かれて絶命している

凍る冷水の中での解体作業

罠の現場にやってきたのは、短軀ながら胸板厚く、肩の筋肉も隆々と盛り上がった偉丈夫だった。お互い初対面でもあり、このときばかりは緊張感からか、林の眼光は人を射すくめるように鋭かった。もちろん、椎葉の猟師との肉の取り分（分配）の駆け引きもあり、スキは見せられなかったのだろう。

だから、太い二の腕あたりに〝彫り物〟でも入っていれば、私は間違いなく林をその道の人間と誤解したであろう。それほど、このファースト・コンタクトのときの林の印象度は強かったのである。むろん、じっさいの林はその道とは対極の、じつに穏やかな日常に身をおくごく普通の市井の人にほかならない。ただし、猟の達人という横顔を除けばの話だが……。

肉の取り分を半々と決めたところで、椎葉の猟師たちは一人を残してふたたび狩りにもどり、片や林は軽トラックの荷台から平たい木箱を取り出すと、息絶えたシシの傍らに身をかがめて何やら準備をはじめた。木箱の中身は各種ナイフ類とがっしりした砥石で、それらはシシの解体のための道具だった。

ワイヤーからシシを外した林は、ちょうど十貫（一貫＝三・七五キロ、約三八キロ）ほどある軀体をなかば氷結した谷川の水の中に運び入れた。その一方で、解体場の近くの河原に枯れた木

見ているだけで寒くなる、凍る冷水の中での毛剃り作業。うしろは椎葉の猟師チームの蝉尾さん

を集めて、焚き火をおこした。あとで分かったことだが、この火は解体やナイフの刃研ぎで凍える手を、その都度温めるものだった。

最初に箱から取り出したナイフが、シシの剛毛を剃るための毛剃りナイフだった。聞けば、四国・愛媛の山中に住む鍛冶職に特別注文して作ったカスタム・ナイフだという。作業に入る前、林が嘆息するようにつぶやいた。

「今どき、ナイフで毛を剃る猟師なんぞ、どこにもいやしません。みんなガス・バーナーでバァーッと焼いて、ハイ終わり。熱で肉が傷むことなんか、まるで考えていない。オレにとっては、これは大切な商品だから……」

狩猟のさかんな椎葉でも、もはや職業猟師はいなくなって久しい。林がここで言う商品とは、シシ肉が生活の糧となっていることを意味するのだろうか。私は今日が初対面ということもあり、そこまで突っ込んで聞くことはできなかった。それにしても、ナイフを駆使する林の手捌《てさば》きのなんと鮮やかなことよ。私は農業取材でしばしば家畜の解体に立ち合うことがあるが、ここまで巧妙に刃物を扱う人間を知らない。

毛剃りに一時間かけたあと、腹を割いて内臓を取り出し、最終的に胴をふたつ割りにするのにさらに一時間を要した。その緻密で流れるような仕事ぶりは、まさにプロのものだった。私はその作業の逐一をカメラに収めながら、いいしれぬ感動を味わっていた。

やがて狩りから戻った椎葉の猟師にシシの半身をわたすと、林は来たときと同じように、風の如く颯爽《さっそう》と小原の谷から去っていった。

特製の毛剃りナイフで剛毛を剃る
林さん。根気と忍耐のいる仕事だ

毛剃りのあと、顎の下から下腹部にかけて、腹を真一文字に割く

腸に傷をつけないよう、細心の注意を払って割きすすむ

腹いっぱいに詰まった内臓。部位により色が異なるのが分かる

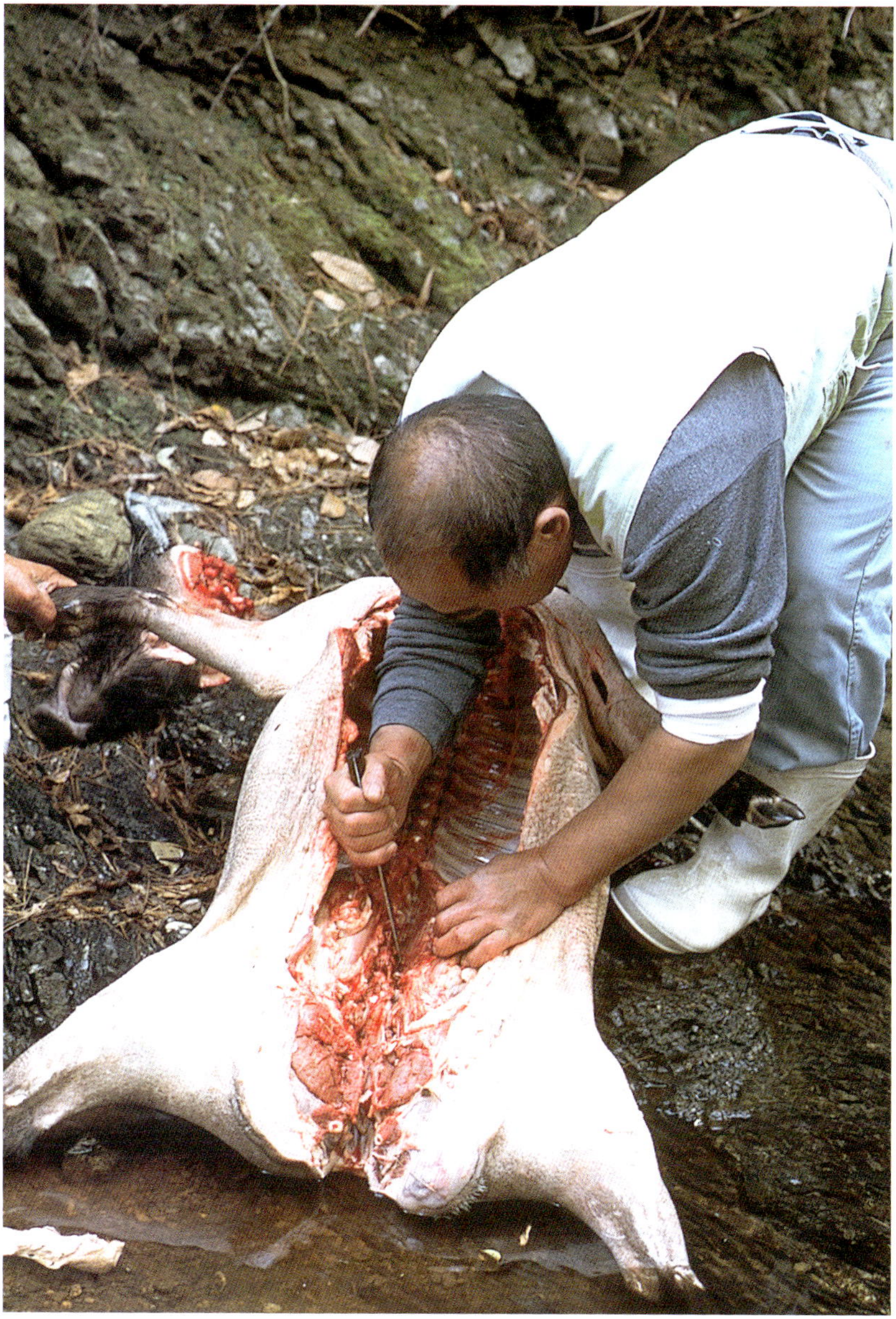

内臓を取り出したあと、腰骨を丁寧に切り分ける

とれ立てのシシの内臓の旨さよ！

林を呆然と見送った我々は、シシの半身を下げて椎葉にもどることにした。どうやら、今夜の直会《なおらい》に私も参加させてもらえるらしい。小河内の最高所にある原田家の前庭では、息つく暇もなくシシ肉の分配と内臓の洗浄がはじまった。分け前（タマスと呼ぶ）は五等分され、そのうちのひとつが何の働きもしなかった私に手渡された。原田は私を狩り組の一員として数えてくれたのだった。

コウザキ（シシの心臓）を山の神に捧げてすべての作業が完了したところで、四人の猟師と私は炭火が煌々とおこる手製の囲炉裏（ドラム缶を半切にしたもの）の周りに集まった。原田のチームでは、獲物のあった日にはかならず、猟に参加した全員で内臓をつつきながら直会を楽しむのだという。囲炉裏にかけた網につぎつぎと内臓の切り身が載せられてゆく。コウザキ、レバー、大腸、ニガワタ（小腸）、アカフク（肺）、セキノアブラ（横隔膜）、そしてツルマキ（首肉）。食べ方はシンプルな塩焼きだ。

椎葉に通いつめている私は、これまでにもしばしばシシの内臓をご馳走になっているが、一度にこれほどの部位を、しかもとれ立て新鮮なものを思う存分賞味したのは、これがはじめてだった。コウザキはレバーに近い（レバーはとても甘い）が、歯ごたえがあってまた別の味だし、樺

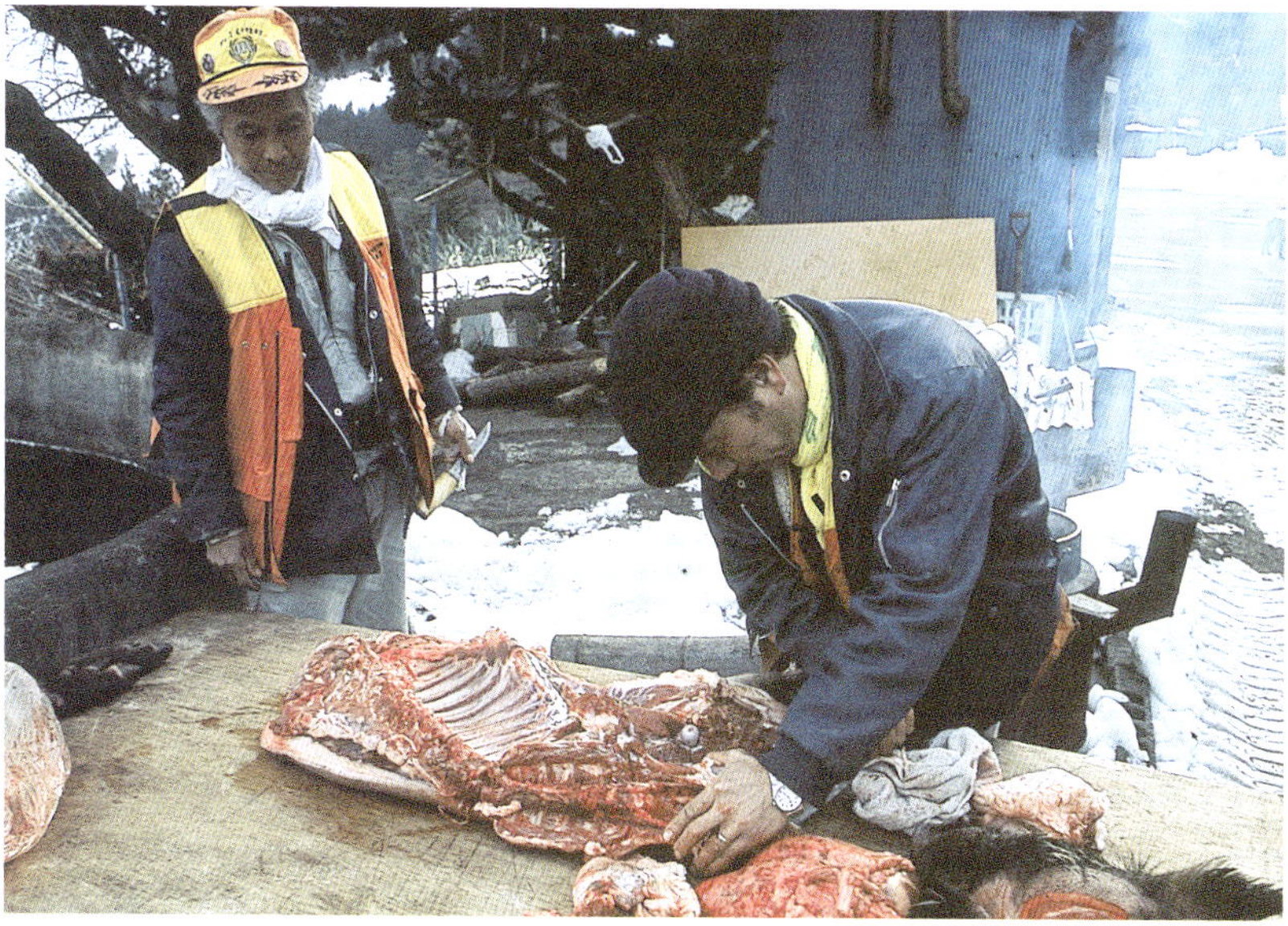

色のアカフクはとても肉には見えないが、噛む間もなく一瞬にして口の中でとろけてしまう。セキノアブラは上等のバターを思わせ、ツルマキの旨さは、椎葉の猟師たちがこぞって絶賛するままの一品に違いなかった。

黒々とした大腸はグロテスクながら味わい深く、一方ニガワタはその名の通り独特の苦味がある。この苦味に、私は覚えがあった。椎葉の郷土料理にカシの実（ドングリ）のデンプンをさらして作る〝カシの実コンニャク〟があるが、あのカシの実の香り（アク）そのままなのである。これが、昼、小原の山で原田が言っていた〝山ジシ〟そのものに違いない。それにしても、ここまでストレートにシシの消化器の一部に餌の風味が残っていようとは、思いもよらないことだった。

湯がいた骨付き肉に、これまた塩を振りかけてかぶりついたあと、仕上げは雑炊（ズーシィ）

持ち帰ったシシの半身を庭先で切り分ける原田さん。

である。生米を骨でとったスープで炊き、そこに内臓とセキノアブラ、野菜が入っていた。私は満腹と心地よい酔いの中で、きょうの罠猟師との出会いを反芻していた。「あれだけ解体が上手い猟師なら、罠の腕も尋常ならぬものがあるに違いない」と、とうに感じとっていた。何かがはじまる……そんな予感がした。

椎葉の取材を終えて自宅に戻った私は、林に宛てて長文の手紙を書いた。そこに綴ったのは、小原の日の素直な感動と、今後、罠猟の本格的な取材に応じてくれるか否かを質す内容だった。春の盛りのころ、林から取材に応ずる由の丁重な書状が届いた。そのしっかりとした文面にも、林の人間性の一端がにじみ出ていた。

秋のシーズン（猟期）入りを前にした九月、私は待ち切れない気持ちで日向に向かった。林とのおよそ八カ月ぶりの再会であった。そこに

は、あの日の緊張した表情とは似ても似つかぬ、地蔵のように柔和な笑みをたたえた、赤銅色の罠猟師が立っていた。

2	1

1、2 椎葉では解体の際に除かれる内臓(右)や骨(左)でさえ無駄なく使いつくす。内臓は鍋や雑炊に、骨は湯がいたのち塩を振りかけて、わずかな肉をこそげるようにして食べる

東郷町福瀬の林道から望む宮崎県北の山並。中央を流れるのは耳川

荒谷のカシ林に仕掛けられた罠。
左側から横方向にグシがのびる

山を読みきる目とシンプルな仕掛け

意表をついてピン・ポイントで仕掛ける罠

私はこれまで、宮崎県の狩猟、特にシシ（猪）猟の本場は椎葉や西米良、また高千穂など、九州山岳ただ中の山深い土地とばかり思いこんでいた。しかし、林豊という罠猟師と出会い、大勢の猟仲間を紹介されたり、彼らの熱心な猟に対する取り組みを聞くに及び、私は今までの先入観を捨てざるを得なくなった。

手元に『宮崎の狩猟』という一冊の本がある。宮崎市にある出版社、鉱脈社が平成十三年の秋に出版した本で、著者は宮崎在住の民俗学者・山口保明。宮崎県史の民俗編の執筆者で、狩猟のみならず、地域文化全般に造詣が深い学者である。

この本の中で、明治期と昭和五十五年におけるシシ・シカの町村別捕獲数が紹介されている。

なるほど、明治期には私が感じていたとおり、九州山岳の懐深く抱かれた椎葉、西米良、須木村などでの捕獲頭数が傑出している。それが昭和五十五年になると、それでもいくつか捕獲数で突出した町村が残ってはいるものの、全県的に町村間の数字の差がなくなり、しかも山間部と海辺に近い町村の差が拮抗しているのが分かる。

これはあくまで届け出の数字であり、この数字をそのまま鵜呑みにはできないが、一つの流れを読みとることはできると思う。つまり、明治ごろには狩猟はあくまで生活の糧を得るために営まれた生業であり、そこに時代が下るにつれレジャーとしての要素が加わり、狩猟が平野部に住む人間にまで一般化していった過程が見てとれる。狩猟からハンティングへの移行といってもいいかもしれない。私がすでに二十年近く通っている椎葉でも狩猟を生活の糧にしてい

罠をセットし終わり、最後にもう一度チンチロをチェックする林さん

る猟師はもう見当たらない。

いまひとつ考えられるのは、野生動物そのものが山から里へと移動する傾向にあるため、おのずと平野部での狩猟が盛況となり、捕獲頭数がそれに合わせるように増えたという点だ。野生動物を山から里へと追い立てたのは、むろん一九五〇年代あたりから盛んになった拡大造林であり、食料としての木の根や実に不足をきたした動物たちは、やむにやまれず奥山をあとにしたのだった。

ところで、私が林という猟師に興味をもった最大の理由は、まずその罠猟と解体の技術の高さであった。その豊かな狩猟にまつわる知識にも驚かされた。しかし、それだけでは東京から日向くんだりまで高い金と時間を割いてまで通うことはなかっただろう。林は少なくとも冬場の猟期の三カ月、獲ったシシ肉を売って家計の支えとしている。キロ六千円が林のシシ肉の時価である。完全な職業猟師とはいえないまでも、意識と意欲はそれに限りなく近い男なのである。

林の本業は鉄工所の経営であり、その仕事の確かさから、冬の猟期中にも仕事の依頼は舞いこんでくる。だが、どうしても断れないものは別にして、林はこの期間、極力仕事を受けないようにしている。一にも二にも、罠猟に専心したいからだ。よくしたもので、最近ではこうした事情を理解してくれる依頼主が増え、林にとって心置きなく罠猟に打ち込める環境が整いつつある。

さて、十一月十五日の狩猟の解禁にそなえて、私は二度にわたって日向に出向き、林が罠猟のフィールドにしている山を歩きつつ、彼が罠猟に使うテクニックを実地で見せてもらった。

林が罠を仕掛ける山は鉄工所のある東郷町から耳川に沿って上流の西郷村、諸塚《もろつか》村にまで及び、

美しい荒谷のカシ林。シシたちにとっても楽園にほかならない

東郷町出口の猟場を見て回る林さん。
ここは急な岩場が続き、地下足袋の
スパイクが役に立たない

それぞれ異なった自然条件の場所であることが興味深かった。

東郷町では国道のすぐ脇の小山の斜面や、民家のほんの目と鼻の先の藪にも仕掛けると聞いて、驚いた。じっさい、猟期に入ってから、私は何度もそうした場所の罠にかかるシシやシカを見ることになる。諸塚の荒谷《あらだに》はその名のとおり険しく荒々しい渓谷で、林が例年罠を仕掛けるという猟場の中には、垂直に近い斜面のポイントがいくつもあった。スパイク付きの地下足袋でやっと登り降りできるような急斜面だ。

むろん、罠はそうした場所にただ漠然と仕掛けるわけではない。ウジ（獣道）がどう通っているかをチェックし、もっとも獲物が掛かりやすい場所を選んで、ピン・ポイントで仕掛けるのだ。特別の場合を除いて、わざわざ針葉樹の植林地に仕掛けることはなく、つねに雑木林が猟場となる。

仕掛け場所の中には、意表をついた場所がいく

シシが100%獲れるウジのポイントを見つけ、罠のセットに入る

つも含まれていた。言われてみると、確かにそこにはウジが走っている。林は罠を仕掛ける以前の作業として、完璧に山を読み切っているに違いない。そう、林の罠の仕掛け方は、ここならシシが獲れるだろうというのではなく、百パーセント確実に獲れるポイントにしか仕掛けないという態度なのである。

当然のことだが、罠を山に仕掛けるにあたっては、そこの山主の許可がいる。最近ではシカの害が深刻なこともあり、多分に偏屈な山主でもないかぎり、まず罠の設置が拒絶されることはない。それどころか、自家の山で獲れたシシ肉のお裾分けを期待して、むしろ積極的に林に罠を仕掛けてくれるよう働きかけてくる山主も少なくないという。林はそうした山主の態度いかんに関わらず、罠を仕掛けさせてもらっている山の山主には、その年最初にそこで獲れたシシ肉の一部を、まず真っ先に届けることにしている。林とは、そんなタイプの罠猟師なのである。

カシの林に巧妙に仕掛けられた罠。グシの曲がりだけがその所在を教える

グシの曲がりとワイヤーの所在が
かろうじて分かる林さんの括り罠

生活の糧となる商品を極力傷めない技

山の南向き斜面の明るい場所を選んで、林に実際の罠の仕掛け方を目の前で披露してもらった。

背中の古びたザックから取り出したものは、ケイト（蹴糸）とよばれる〇・二八ミリの細い針金、ごく普通の径一ミリほどの針金、径四ミリで長さ五メートル程度のワイヤー、それに〝チンチロ〟と呼ぶ二個の金具からなる小さな装置だった。実にシンプルな材料なのである。ケイトは四号ぐらいのテグスやエナメル線でも代用でき、またチンチロは金具を使わないで作ることもできる。

椎葉で何度か取材させてもらっているベテラ

罠に必要な材料のすべて。
針金、ワイヤー、ケイト（真ん中）、
チンチロ（下）、標識

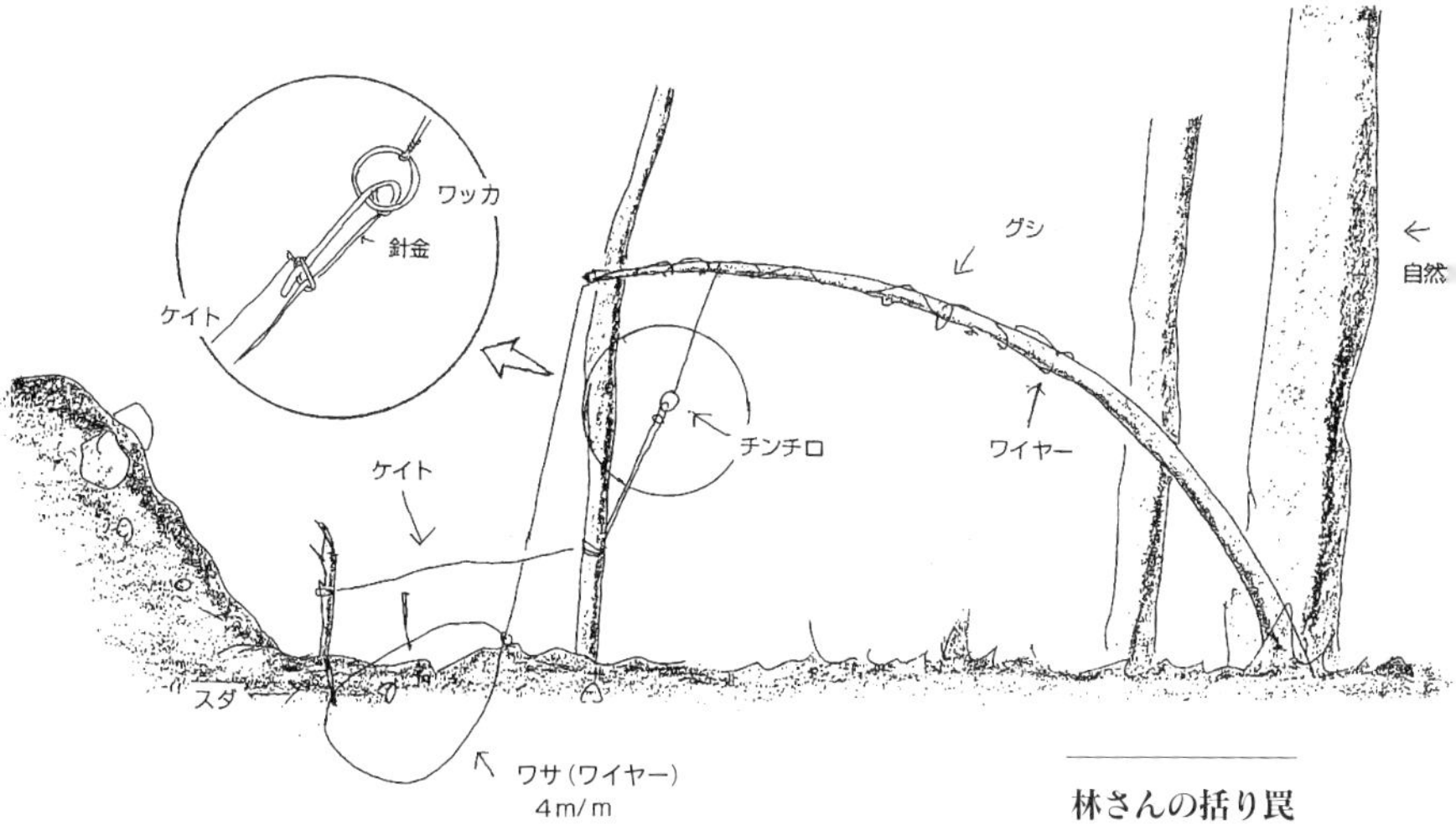

林さんの括り罠

ン罠猟師の椎葉福市は、金具の代わりに細い木の枝を組み合わせてチンチロを作る（六十二ページ図参照）。前掲の山口の本で紹介されているチンチロの構造もこのタイプのものである。金具をチンチロに用いるやり方がいつごろ登場したかは不明だが、カラクリとしての機能を求められている点では、両者の装置としての役割は同じである。

チンチロはチンマラ、チンコとも別称され、これは明らかに男女性器の隠語と思われる。木の枝で作るチンチロでは実感はわかないが、林が使うチンチロはその二個一組の形状からしても、そのものズバリという雰囲気がある。ちなみに、柳田國男の『後狩詞記』にはこれについてはいっさい触れられていない。明治末の時点では、まだこの用語は生まれていなかったのかもしれない。

罠の組み立ては、まずウジに沿って生える適度な太さの木の選別からはじまる。原理的に罠を分類すると、括《くく》り罠と落とし罠に大別できるが、いま林が見せようとしているのは括り罠の方である。落とし罠は人間や猟犬が掛かることも多く、安全の上からも最近ではほとんど用いられなくなった。括り罠は「ハジキ」または「吊り上げ」とも別称される。

　また、括りには〝足括り（足クビリ）〟〝胴括り（胴クビリ）〟があり、それぞれ仕掛け方が微妙に異なる。林はけして胴括りの手は用いない。すべて足括りで、しかも必ずシシの前足が掛かるようにセットする。胴括りだと早いときにはシシが三十分ほどで死んでしまい、商品価値はその瞬間にゼロになってしまうからだ。猟期には、シシ肉の販売で生計を支える林にとって、これは死活問題にほかならない。

　足括りに掛かったイノシシであれば、多少の個体差はあっても、三〜四日くらいは足を括られたままでも生きている。しかし、長い間暴れ回ったシシはそれだけでかなり体重を減らすため、なるべく早く捕獲し、解体する必要がある。

「ですから、最低でも二日に一度は、すべての罠を見回るようにしています。放っておくとシシの体重が減るだけでなく、心ないハンターがワイヤーを勝手に切って、持ち逃げしてしまうこともありますから……」

　と、林が苦笑する。敵は時間だけではない。結局は人間がもっとも危険な存在、ということになる。

　ウジの脇に最初に選んだ木は、罠の〝張り木〟として用いるもので、猟師用語で〝グシ〟と呼

長年使いこんだチンチロ。
すっかり自然にとけ込んでいる

ぶ。罠に掛かったシシは（最終的に）このグシから伸びるワイヤーに足を括られ、身の自由を奪われる。そのため、グシにはシシの相当な力が掛かり、か弱い木ではその負荷に耐えられない。林は根元で径五センチぐらいのまっすぐな木を選び、二メートル半ぐらいの高さのところで先端部を切り落とし、そのあと切り口に湿った泥をさっと塗った。泥を塗ったのは、切り口の白さをシシに感づかれないためである。シシはどんなささやかな生活圏の異変も見落とさず、いち早く身に迫る危険を察知するという。木の切り口一つといえども、手抜きが許されない理由がここにある。

さらに、どんな種類の木でもグシに向くかといえば、これがそう簡単ではない。まず木肌が黒くて、腰が強くなくてはならない。腰とは木の粘りのことだ。こうした条件に合うのは、日向あたりの雑木林の樹種でいうと、カシ、ヒサ

岩場の上に仕掛けられた林さんの罠。こんな場所にもウジは通っているのだ

カキ、ツバキなどだ。ただし、ツバキでも幹の木肌が白めのものは使えない。針金とチンチロでグシをたわむ格好で固定するとき、白い肌の木だとその異様な曲がりがシシに察知されてしまう。同時に、長い時間にわたってたわみの負荷がかけられるため、粘りのない木では、いざシシが罠に掛かったとき、ワイヤーを跳ね上げる力が不足してしまうからだ。

グシにはまた、ウジに対して斜面の上側に生えている木は用いない。針金とチンチロで下方に向けて曲げるさい、より大きな負荷をかけなくてはならないからだ。作業も大変で、曲げる角度が大きい分、グシが折れる可能性も出てくる。

括り罠の生命線であるグシは、たかが一本、されど一本、じつに奥が深いのである。

右奥から下りてくるウジの上に仕掛けられた罠

2	1
4	3

1、2 グシあるところにウジあり。しかし、素人にはこれが見えない

3、4 グシの木が決まったら、余分な上部はノコギリでカット。切り口には泥をさっと塗る

グシにチンチロをセットする作業。
グシ1本選ぶにも長年の経験がいる

グシの先端に巻きつけられた４ミリ径のワイヤー。大きいシシになると、これさえ切って逃げる

2	1
4	3

1 感覚の鋭いシシは、このグシの曲がりにも感づいてしまう
2 左手上方にのぞくグシの先端が、わずかに罠の所在を気づかせる
3 定石通り、ウジ(左手)の下方からグシがのびる
4 グシのうしろから罠を撮る

罠の見回り中にひと息つく林さん。
東郷町出口の林道で

ワサのありかを示す福市さん。
手前にワイヤーが見える

椎葉福市さんの罠猟

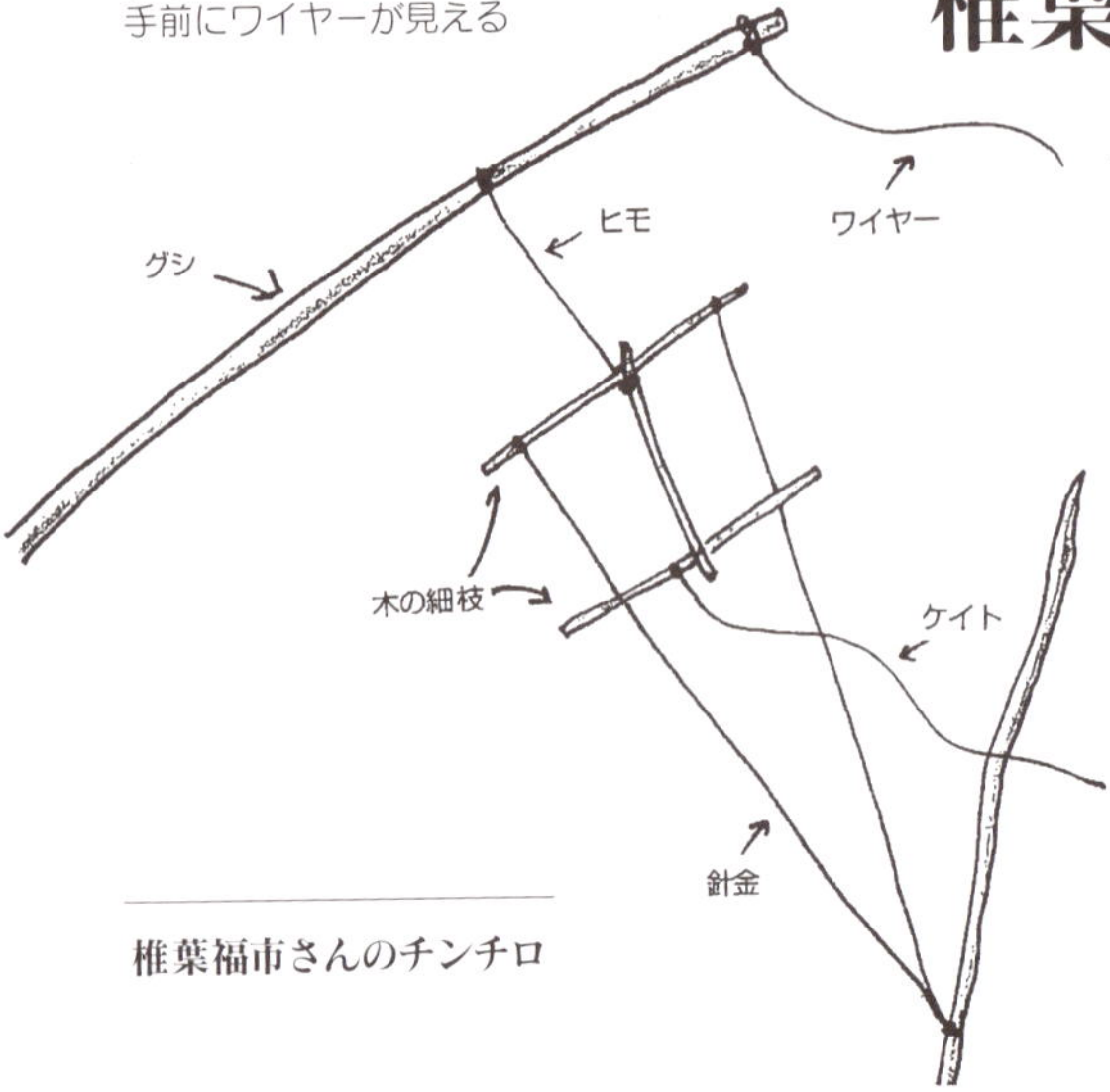

椎葉福市さんのチンチロ

福市さんが使うチンチロは、細い枝を組み合わせて作る伝統的なタイプだ

5	3	1
6	4	2

1 福市さんの罠で使われている伝統的なチンチロ。形は異なっても、基本的なカラクリの構造は違わない
2 冬枯れの風景にとけ込んだチンチロ。右側のグシからワイヤーがのびる
3 福市さんが丹精したクヌギ林。この斜面の随所に罠が仕掛けられている
4 昨年12月、罠で捕ったタヌキを見せてくれた椎葉福市さん。この3日前には20貫のシシも捕っている
5 一見、ひ弱に見える福市さんの括り罠。グシも見るからに細い
6 福市さんが見せてくれた古いトラバサミ式の罠

罠猟の猟場でもある自家の雑木山
に立つ椎葉福市さん

肉質本意で「足括り」にこだわる

罠一つに託された高度で多彩なノウハウ

罠の仕掛け方の話を続けよう。

ウジ（獣道）の脇に選んだグシ（張り木）の準備が済んだら、こんどはこれとワイヤー、チンチロの接続に入る。順番としては、チンチロのセットのほうが先だ。

まず、ウジのほんの脇に適当な立木を探す。これはチンチロの一端（針金）を結わえる木で、たわませたグシの先端部がちょうどこの木の脇あたりにくる位置のものを選ぶ。このとき木の太さはあまり問題ではなく、要はチンチロの基点ができればいいのである。その基点は、地表からだいたい二五センチくらいの高さのところに設定する。この高さには重要な意味があるが、これについてはあとで触れたい。

軸にした生木とグシの間に
チンチロを据える林さん

2	1
4	3

1、2 チンチロ用の支柱に下半分を結わえる
3 グシの先端にワイヤーを結わえる
4 余ったワイヤーをグシの下方に巻きつける

続いて、グシ側にもう片方のチンチロ（ワッカのついている側）を取りつけ、グシをしならせながら両者を接続させる。このさい、グシの先端から一五センチくらいのポイントが、ワッカ側のチンチロを固定させる位置となる。こうしておいて、次はグシにワイヤーを巻きつける。最初、一端にワサ（輪差）を作ったワイヤーをウジにセットしたら、伸ばしたワイヤーをグシの先端でいったん結わえ、残った部分をグシに巻きつけながらグシの中ほどまで下ろし、最後はその先端を針金で固定する。

ワサは径三〇～四〇センチくらいに広げてウジに仕掛け、ワイヤーが跳ね上げられたときにすっと上に持ち上がるように、ワサの内側二カ所ないし四カ所に枯れたスダ（シダ）を手折った短い棒を立てておく。猟師によってはスダ以外の木の小枝（竹など）で代用することもあるが、研究熱心な林が最終的に選んだのが、色が

中央のワサを挟んで、右にチンチロ用の支柱、左にケイト用の固定木が見える

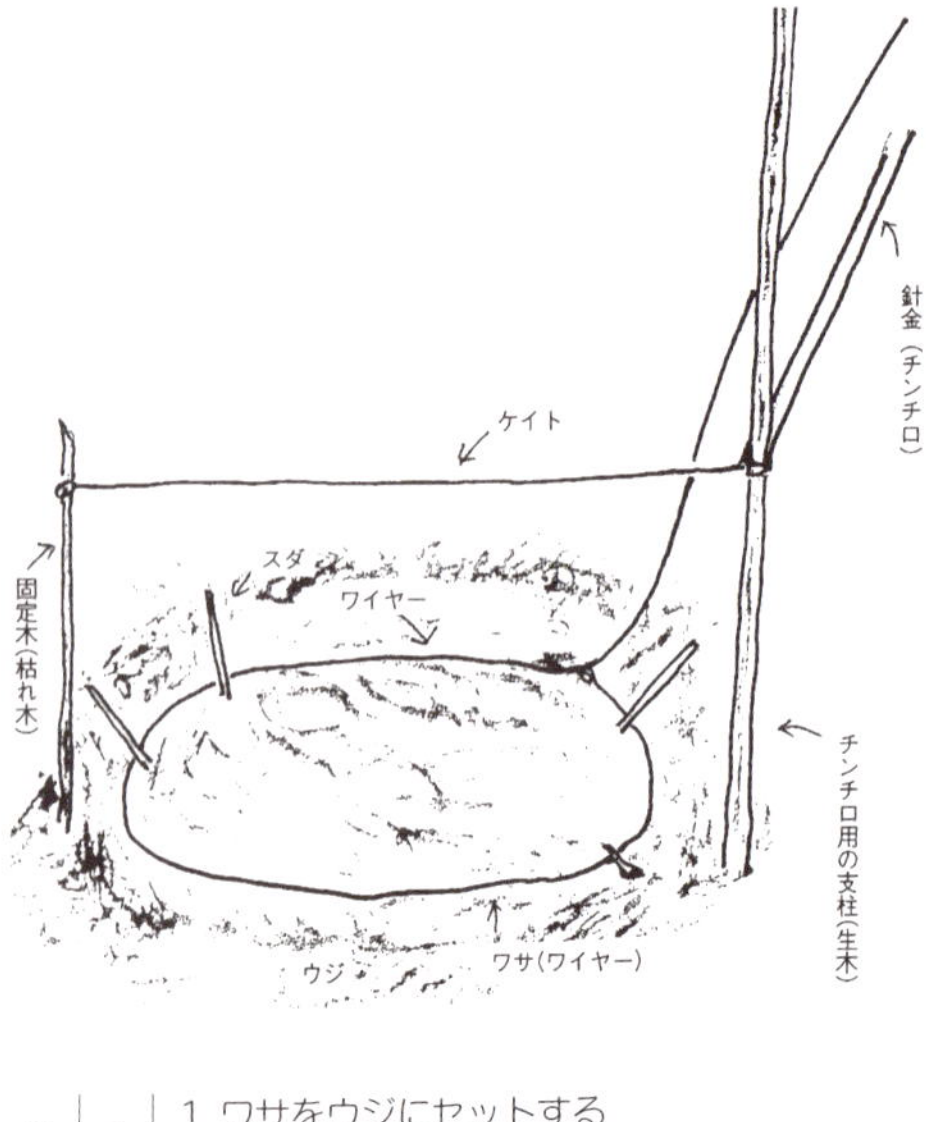

2	1
4	3

1 ワサをウジにセットする
2 折ったスダをワサの内側に接して立てる
3 ウジに設置された括り罠の図解
4 ワサの掛かり具合を試した場面

枯れたスダを手折ったものをかざす林さん。これをワサの内側に2本ないし4本、外側にかしげるように立てる。ワイヤーが跳ね上げられたとき、ワサが上方に素直に持ち上がるのを補助してくれる

目立たず滑りもいいスダだった。
　次はケイトの設置だ。まず、ワサを挟んでチンチロの支柱の反対側（斜面の上側）に、枯れてしかも丈夫な長さ三〇センチぐらいの木の枝（固定木）を地面に突き刺す。これにケイトの一端を結わえるわけだが、このときワサの中央をケイトが横切るように棒を据えるのがポイント。さらに、ケイトの地面からの高さは、この固定木側で一五センチ前後、チンチロの支柱側で二五センチぐらいを目安とする。
　こうしてセットしたケイトは、チンチロの支柱経由（針金の結び目を利用）でチンチロの下側の器具へと接続される。ここで明らかにしなくてはならないのは、ケイトを地上一五～二五センチの高さに張った意味である。これについては林みずから説明してもらおう。
「私はシシだけしか狙いませんから、他の小動物、たとえばウサギやタヌキ、またはヤマド

2｜1　1 チンチロの上下を接続する場面
2 ワッカをはめればセットの終了

りなんかに掛かってほしくないわけです。この高さはこれら小動物がケイトを引っ掛けないための工夫なんです」
　この工夫のおかげか、私はシーズン中のべ三週間ばかり、林の罠猟の同行取材をさせてもらったが、ついぞシシとシカ以外の小動物が罠に掛かった場面に遭遇することはなかった。これも罠猟師として当然身につけておくべき技術には違いないが、ケイトの張り方ひとつをとっても、長年の経験にしっかりと裏打ちされているのである。
　ここでいまひとつ素朴な疑問が残らないだろうか。なぜケイトをワサの中央部あたりに張り渡すか、という点だ。林の罠はすべて〝足括り〟で、しかもすべてシシの前足を括るように仕掛ける、と前にも書いた。要は、シシの前足をとらえるためには、逆にケイトをこの位置にセットする必要があるわけだ。ウジを進んできたシ

ケイトと結ばれた針金のワッカ（指が当たった部分）をセットすると、チンチロの完成

シが、何も気付かず頭でケイトを押したとき、この位置にケイトがあることで、見事前足が括られるのである。

ワサの手前側（シシから見て）にケイトを張ったのではシシの前足さえ捕らえられず、逆に奥側に張った場合には、前足ではなく後ろ足が掛かる可能性が高くなる。じつを言えば、シシ肉を売り物にする林の立場としては、本来は前足ではなく後ろ足を括った方が好都合だという。なぜなら、ロース（肩から背にかけての上質の肉）を守るためには後ろ足を括るにこしたことはないからだ。前足を括った場合、二日も三日もシシが締まった罠から逃れようと暴れると、大事なロースを傷めることが多いからだ。

「後ろ足を狙う場合、前足狙いよりもシシを捕り逃がす可能性がずっと高くなってしまう。それで私はロースを傷める危険性を承知の上で、より確実に捕らえられる前足括りに徹しているわけです。ロース一本を失うか、シシ一頭を丸ごと捕り逃がすかのどちらかを選ぶとなれば、答えはおのずと明らかでしょう」

この点に関しても、林の答えはじつに明快だった。ちなみに、後ろ足狙いの場合には、ケイトに一〇センチくらいの〝遊び〟をとるだけでいい。その分、シシの体がワサの奥深く入り込み、ケイトに触れた時にはすでに前足はワサの外にでて、後ろ足の方をワサが括る段取りとなる。こうした人間の知恵もしくは技術は、現場でのトライ・アンド・エラーを重ねることによってはじめて進歩もし、磨かれてきたのである。そこには人間と獣との長い知恵くらべの歴史がある。

生来の器用さと探求心が導いた猟道の高み

括りには足括り（足クビリ）のほか、もうひとつ胴括りがあると前に書いたが、九州山岳ではむしろ後者のほうが主流になっている。胴括りの場合、早いときにはシシが十〜三十分程度で死に至るため、頻繁にすべての罠を回って歩く必要がある。足括りと胴括りの違いは、構造的にはワサの置き方ひとつに尽きる。足括りではワサを地面に寝かせてセットするが、胴括りではワサを地面に直角に立てて置く。ケイトはその円を描くワサの中央部を横切るように張っておけばよい。この胴括りの掛け方だと、タスキ掛けや腰縛りになるケースが多いという。林は大事な商品であるシシを台無しにする胴括りに対しては、「研究が足りない」と切り捨てる。

ところで、椎葉村のベテラン猟師、椎葉福市の仕掛けもこの胴括りである。椎葉は木の小枝を組み合わせた伝統的なチンチロ（六十二ページ図参照）を用いるこのやり方を、わざわざ〝シシ罠〟と呼ぶ。胴括りであるにせよ、椎葉はこの罠で長年シシをとり続けてきた。じっさい、この仕掛けにかかる野生動物はほとんどがシシであるという。

その一方で、椎葉はみずから〝シカ罠〟（ユイツケ）と呼ぶ仕掛けを使うことがある。これはチンチロがなく、ワイヤーの先にワサを作るだけのじつにシンプルな罠で、ワイヤーのもう一端は手近な丈夫な木にとめてあるだけだ。この罠の場合にも、ワサは細い竹を支柱として、地面に直角に立てて置く。シカ罠といってもときにシシも掛かるそうで、いかんせんワサの径が一定なため、罠に掛かる動物のサイズがもとより限られるという難点がある。

これらのほか、ワサを地面に対して斜めに置くやり方もある。この場合も足括りが前提で、ケイトは同じくワサ上方に張り渡す。さらに、傾斜のきついウジに罠を仕掛ける際には、シシが上から来るか下から来るかで条件が大きく異なるため、一般的にケイトの遊びをたっぷりとっておくらしい。時にはケイトを二本使うこともあるという。

ここでチンチロについて若干補足しておきたい。これには木の枝を組み合わせた伝統的なものや、林が現在使っているような二個の金具からなるものなどいろいろあるが、これらはみな猟師の自作である点が興味深い。あるとき、林と東郷町の山を歩いていると、別の猟師が仕掛けた罠に行きあった。そのチンチロには上側のワッカの部分が省かれていて、支柱から伸びたヒモ（針金ではない）がグシまで届き、その先端には金具のフックではなくて、竹の細いヘラが取りつけられていた。

このヘラの先を小さいフックで留め、それにケイトが接続されている。チンチロがグシに直に固定されているのである。林の話では、ケイトの長さが長くなる分、そのたるみなどによって、このタイプのチンチロでは獲物を逃す確率が高くなるという。つまり、林式のチンチロが現在考えられうる様式の中ではもっとも進んだタイプということになる。

仕掛けの設置が終わり、ワサに枯れ葉をかけて見えにくくし、グシの根元もしくは幹の中段に

標識を結わえつけたら、作業のすべてが完了することになる。罠は同時に架設できる数が一人三十個以下と決められており、標識にはそれぞれ住所、氏名、都道府県知事名、登録年度、狩猟者登録証の番号を記すことが義務づけられている。

こうして林は、罠猟をはじめた昭和六十二年以来十八年の間に、八百余頭のシシを獲っている。単純計算をすれば、一シーズン（三カ月）にシシ四十五頭ということになる。シーズンにせいぜい一頭、よくて四〜五頭という一般の罠猟師の成績を考えれば、この林の数字がいかに途轍もないものか想像がつこう。

私は最初、林がまだ二十年にも満たない猟経験しかないと聞いて、じつに意外な気がした。昨冬、西郷村の小原で解体作業をはじめて見せてもらったときも、その見事な腕前からして、若い時分からずっと狩猟に親しんできた人間で

チンチロを確認し、ケイトを引き込む

あろうと疑わなかった。

林は昭和二十六年、東郷町の山内に生まれる。六人兄弟の末っ子で、父親はもともと野鍛冶であったが、のちに山師に転身している。家計はいつも苦しく、林の小学生時分の記憶として、草鞋をはいて学校に通ったことを覚えているという。そんなある日、猟をやる叔父の一人が林家にシシをまるまる一頭届けてくれる。その肉はとにかく硬かったが、鍋にして家族で食べたときのうまさが、その後もずっと林の記憶に残ることになった。

子どものころから手先が器用であった林は、長じて宮崎市内の工業高校（定時制）の電気科に入学する。昼はポンプ店で働いた。卒業と同時に県外の電気店に就職。

昭和五十二年に帰郷してからは、しばらく実家に居候したのち結婚、そして独立して鉄工所をおこす。副業として消防機器のメンテナンスの仕事もはじめた。折しもバブル景気と重なり、鉄工所の最盛期には十人もの従業員を抱えていた。そうした余裕が、林に子ども時代に味わったシシ肉の記憶を甦らせたのだ。

我流（本人の弁）ながら、もともとの器用さと探求心が相まって、林はめきめきと罠猟の腕を上げていった。ハム会社や肉屋を積極的に訪ねて、解体の技術も同時に身につけた。今では逆に、肉屋のほうから林の技術を学びにくるほどだ。

林はもとより東郷の山育ちであり、山を知悉していた。その男が本気で罠猟に取り組んだのだから、罠の名手になるのに、さほど時間は要しなかった。いま、「罠に関しては、豊の右に出るものはいない」と、先輩猟師たちは口を揃える。年齢的にはもっとも若い林が、周囲のベテラン

ワサの支え用のスダをさがす
林さん。山陰に群落で生える

猟師たちから一目も二目もおかれているのだ。

実地にその技にふれるチャンスが、まさに目前に迫っている。十一月十五日の狩猟の解禁日まで、ついにひと月を切った。

狩猟の解禁後、東郷の山に実地に
括り罠を仕掛ける林さん。雑木の
森に緊張感が漂う

罠にかかって分かる動物の本性

一本の棒が頼りの危険極まりない捕獲物の処理

はやる気持ちを抑えて、私は日向に向かうタイミングをはかっていた。狩猟の解禁日である十一月十五日はすでに過ぎたが、林の指示にしたがって、獲物が本格的に捕れだす解禁一週間後あたりに狙いを定めていたのだ。

そして、二十三日の朝一番の飛行機で、私は勇み宮崎に向かった。ＪＲの特急で空港から日向市へ、駅からは車を飛ばし、取るものもとりあえず、まずは林の仕事場（鉄工所）のある東郷町出口に駆けつけた。すると、挨拶を交わす間もなく、普段は落ちつき払って冷静な林が、すぐ近くの罠にシシとシカが一頭ずつ掛かっていると、興奮気味に私に伝えてくれた。

その興奮は何十倍にも増幅されて私に乗りうつる。林はけして興奮していたわけではなく、またとないチャンスに私を迎え入れるべく気がせいていただけなのだ。聞けば、今シシとシカが掛

かっている罠は林が仕掛けたものではなく、猟仲間の寺原利生《きくお》（東郷町坪谷在住）のものだという。寺原は林の鉄工所の斜向かいにある林業会社の従業員で、毎年会社のすぐ裏山にもいくつか罠を仕掛けているらしい。

寺原の好意で、さっそくその現場に案内してもらう。この日、朝にはすでに獲物が罠に掛かっているのが分かっていたのだが、あえてその場で殺すことはせず、わざわざ私の到着を待っていてくれたのだった。説明するまでもないが、寺原が仕掛けた罠ももちろん〝足括《あしくく》り〟であり、それゆえに発見から何時間も獲物を生かしておくことができたのである。

その現場は、林の仕事場からでも一五〇メートルとは離れていない低い山の北側斜面で、人家や国道とも目と鼻の距離だ。あたふたと雑木の疎林の緩斜面を駆けのぼると、三〇メートルほどの間隔をおいたふたつの罠に、ものの見事にシシとシ

人間の接近に怯えを隠さないシカ。
罠のワサはもがけばもがくほど強く
締まってしまう

罠から逃げようともがくシカ

カが捕らえられている。それにしても、ここまで人里に近い場所に野生動物が下りてきていようとは……。いまさらながら、動物たちの窮状（餌不足）が思いやられる。

銃に弾を込めた寺原は、それぞれ一発ずつでシシとシカを仕留める。林が一目置くベテラン猟師だけあって、寺原の鉄砲の腕はじつに確かなものだった。林同様、捕獲したあとの商品価値を考えて、ともに頭を狙い撃っている。あとで詳しく述べるが、心臓を狙って撃ったりしたら、罠の胴括りと同じで、著しく獲物の肉質を落としてしまうからだ。

獲物を山から下ろしたあと、寺原から興味深い話を聞いた。寺原は鉄砲に関して、二十歳のときから三十五年近いキャリアを積んでいるが、罠は大分遅れて途中からはじめたという。宮崎では昭和五十年ごろまで、罠猟にワイヤーを使うことが禁じられていて、ために猟師たちは罠猟をするこ

とに二の足を踏んでいたらしい。許可されていたヨマ（縒糸）では荒ぶるシシに対していかにも心もとなかったということだろう。

じっさい、興奮したシシの恐ろしさは、その場に身を置いた者にしか分からない。このときのシシもせいぜい八貫（約三〇キロ）ぐらいの小さなものだったが、前足の一本を括られているにもかかわらず、人間目がけて何度も突進を試みるその迫力に、シシにレンズを向ける私の腕は震えっぱなしだった。

対照的に、罠に捕らえられたシカは、人間が近づくと、ただひたすら逃げようともがくばかりだ。半ば恐怖に打ちひしがれ、また半ば運命を悟ったかのようなその目は、痛々しさを超えてむしろ崇高な輝きさえ宿している。しかし、角を持った大型のオスなどはシシ同様に危険であり、罠に片足を捕らえられているからといって、油断は禁物だ。

今でこそ罠に掛かった獲物を安全に銃で仕留め

出口の竹林で掛かったシカ（手前）

ることができるが、五年ほど前まではこれが禁じられていた。つまり、動物が罠に掛かった段階でそれは〝捕獲物〟となり、その捕獲物に対して銃を向けることは許されていなかったからだ。では、荒ぶるシシや逃げまどうシカを、罠猟師たちはどう始末していたのか。それには至ってシンプル、かつ危険な方法で臨むしかなかった。

「ガッシリした木の棒を用意して、それでシシやシカの頭を叩くわけです。相手が小さければさほど危険はないのですが、大きいものだとおのずとこちらも命懸けで……。よくぞ、あんなやり方で踏んばってこれたものか、と」

林の生の声には、さすがに臨場感がある。獲物の大小にかかわらず、頭に一撃を加える際には、相手と正面切って向き合うことを極力避け、斜面の上側から接近をはかる。獲物が大きなシシの場合には、ワイヤーを口にくわえるシシの習性を利用して、顎に絡めたワイヤーを別の木に固定し、

小さいながらも、果敢に人間を威嚇するシシ。耳を前側に垂らし、牙をむく

まず完全に身動きできない状態にするという手順を踏んだ。

捕獲物への銃の使用が許可されても、林はすぐには銃に飛びつかなかった。林が銃を所持することを妻の清香が危険であるという理由で、日ごろたしなめていたからだ。林自身にしても、己の体力と技術への自信があり、早急に鉄砲を使う必要性を感じていなかったものと思われる。

しかし、一昨年のシーズン、グシを折って突進してきた二十四貫（約九〇キロ）のシシに危うく牙をかけられそうになったことで、林もついに銃の使用を決意する。鉄砲は、猟期に林のアシスタント役をつとめる古参猟師の寺原寿《ひとし》（日向市在住）から中古品を譲りうけた。このとき、林の罠猟が新しいステージにのぼったことは間違いない。素手から銃へ、手作業が基本の罠猟において、それはまさしくひとつの〝画期〟にほかならなかった。

罠にかかったシシの頭部に照準を合わせる寺原利生さん。腰を沈め、銃を安定させる

身をかがめ、突進する体勢をとるシシ。罠にかかったシシは、シカとは正反対の反応を示す

寺原さんが仕留めた子ジシ。小さいながらも盛んに人間を威嚇した

シカ猟

2	1	
5	4	3

1 シカの脳天に木の棒を打ちおろす林さん
2 いつも狙いやすい場所に獲物が立つとは限らない
3 必死に罠から逃げようとする大ジカ
4 頭に狙いを定めて、静かに引き金をひく
5 シシ同様、シカも頸動脈から血抜きをする

小原(西郷村)の谷で罠にかかったシカ。発見したとき、じっとうずくまったままで、動かなかった

シカの頭に狙いを定め、引き金を引いた瞬間。斜面の右下50mのところには国道が通っている

バラバラにほつれたワイヤーが、
罠から逃げようとした苦闘のあと
を物語る

2	1	
5	4	3

1 シカの搬出を手伝う寺原寿さん
2 20貫近い獲物を運ぶ林さんと寺原さん
3 15貫のシカを運び上げる寺原さん
4 造林の山を運ばれてゆく罠にかかったシカ
5 福瀬の雑木山でとれた16貫のシカ

シシの習性を利用した罠の設置と猟場の確保

翌早朝、日向市内のビジネスホテルに泊まっていた私は、林からの電話に叩き起こされた。ゆっくり朝食を済ませてのち、八時半ごろから罠を仕掛けてある山を回ろう、というのが昨日の約束であった。聞けば、鉄工所に一番近い場所、東郷と日向の境にある峠の国道脇に仕掛けた罠にシカが掛かっているという。そこはじっさい、国道北側の急斜面の上部ではあったが、直線距離にして道路とは五〇メートルも離れていなかった。

これは林の罠に掛かった獲物を見た最初の機会であった。なるほど、右の前足が見事にワイヤーに括られている。体重十八貫（約六八キロ）ほどもあろうかと思われる、一本角の立派なオスジカだ。このあたりでは一本角のシカのことを〝イシクジリ〟（石抉り？）と呼んでいる。林はシカから一〇メートルの距離をおいて、寺原同様、一発で頭を撃ち抜いた。鉄砲を使いだしてまだ三シーズン目だというのに、林の（銃の）腕は相当に高いと見た。根が器用なだけに、何をやらせても上達が早いということだろう。

シカにはまったく興味を示さない林は、携帯で仲間の猟師にさっさと連絡をとると、獲ったばかりのシカをタダで与える約束をしている。こんな性格だから、林のまわりには常にさまざまな人間が寄り集まってくる。高いシシの肉を求める得意先はもとより、シシを捕獲したお祝いといって焼酎を持参し、シシの解体を手伝い、夜の更けるのも気にせず朝まで飲み明かす者など、猟期中の鉄工所の庭はいつも人だかりが絶えることはない。

シカの処理が済むと、林と私は軽トラックで耳川上流部へ向かった。目指すは諸塚村荒谷の渓谷で、林が罠を仕掛けている場所のなかでも、東郷からもっとも遠い猟場にあたる。昨冬、林とはじめて出会った西郷村小原の山を右に見つつ、なおも国道327号線を先に進む。ひときわ山塊の重量感が増したあたりで国道を北に折れると、そこが荒谷の深い渓谷だった。

入り口に二〜三軒、山道を登った中腹にさらに五〜六軒、奥山の自然にとけ込むように民家が見える。林の猟場は谷の東側の尾根筋に一個所、そこから西に少し下った南向きの急斜面の途中、それと下の民家の裏山にあたる垂直に近い崖にもう一個所。これら三つの場所に計十個ほどの罠が仕掛けてあるという。罠猟では鉄砲の猟と異なり、まずもって罠を仕掛けた場所をこまめに見て歩くのが鉄則だから、これを面倒と思うようでは最初から罠猟をやる資格がない。

荒谷は林がすでに十五年も猟場として使っている山で、下流の小原とともにシシの捕獲頭数が多く、林の罠猟には欠かすことができないフィールドとなっている。シシの通り道であるウジ(獣道)は、一度引かれたら途中で変更されることはまずなく、ためにいい猟場に巡りあったら、猟師はそこを何年も続けて使うことが可能だという。一方、仲間(のシシ)が罠に掛かった場所であろうとも、そこにウジが引かれている限り、また別のシシがそこを通りかかり、同じ罠に掛かってしまうものらしい。悲しいかな、それが獣であるシシの知能の限界というわけだ。

シシが掛かっていた荒谷の猟場。
林道の法面を駆け上がったポイント

罠のチェックは、ふだん林が奥から順番に見て回っているように、東側の尾根からはじめることにした。そこは狭い作業道を北にのぼり詰めた緩斜面で、作業道の下は杉の植林地、反対側の上方斜面には雑木林が広がっている。むろん、林の罠は雑木林側に巧妙に仕掛けられている。

軽トラックを猟場の手前で止めた林が、銃を担いで林道を歩き出した途端、すぐさま鋭く異変を察知した。林道の雑木林側の法面に真新しい土砂が大量に崩落している。その上には林が仕掛けた罠があり、この瞬間に林はすでに何らかの獲物が罠に掛かっていることを確信していた。

さらに罠に近づくと、人間の気配を感じてか、それまでうずくまって姿の見えなかったシシが勢いよく立ちあがり、こちらに向かって突進してくるポーズを何度も繰りかえす。銃に弾を込める間にも、「グシが折れている！」という林の緊張しきった声が山に響く。林と実地に山を歩くその初日に、私は早々とシシに相まみえることになったのである。

くの字に折れ曲がったグシ。あとで背中に寒気が走った

罠にかかったシシ(左上方)に狙いを
定める林さん(右端)

鮮やかな解体の技を引きだす特製ナイフ

肉質第一を考えての頸動脈からの血抜き

二〇メートルと離れていない罠にシシが掛かっている。雑木の陰でシシ本体は見えないが、荒い息づかいと地面を蹴る足音が手に取るように伝わってくる。林道の法面下の好位置をキープした林は、早くもシシの頭に狙いを定め、引き金を引くばかりの態勢に入っている。グシが折れていることが判明している今、一刻の猶予も許されない。

折れたグシが途中でちぎれ、固定されているワイヤーが緊縛を失えば、その瞬間にシシは人間目がけて突進してくる。離れた位置でカメラを構えた私がシャッターを押すのと、林が銃の引き金を引くのが同時だった。その直後、十三貫（約四九キロ）ほどのメジシが、もんどり打って法面に転がり落ちてきた。朝のシカと同様、林は実弾一発だけで見事シシの息の根を止めた。

法面の上に折れ曲がって突き出たグシを見て、一瞬体に寒気が走った。グシは先端から二〇センチぐらいのところであっさりと折られ、あと少しでちぎれる寸前であったからだ。このとき私は改めて、捕獲物に銃を向けられなかった時代の、罠猟師たちの命懸けの格闘を思い描くことができた。

グシの脇には、シシが罠（ワイヤー）から逃れようとして暴れ回り、ために地面に深くうがたれた大きな穴が見える。このときは深さ五〇センチほどの穴であったが、ときには一メートルもの深さの穴をこしらえることがあるという。さらに一〇〇キロ（約二十七貫）を超すシシが掛かった場合などには、ワイヤーそのものを引きちぎって逃げるケースもあるらしい。林が最近ワイヤーの太さを三ミリから四ミリに換えたのも、こうしたことへの対処からだった。

シシの頸動脈にナイフを刺した林は、ワイヤーから速やかにシシの足を外し、法面にシシの頭を下にして横たえる。体内の血をなるべく早く、かつ完全に外に排出させるためだ。シシ肉を商品と考えた場合、この処置（頸動脈からの血抜き）の重要性は何よりも優先されなければならない。しかし現実には、猟場での最低限のこうした知識さえ、わきまえている猟師は今やほとんどいない状況らしい。

なぜ、一般の猟師がやっているように、心臓を刺すのではいけないのか。林によれば、心臓からはうまく血が抜けないばかりか、かえって体内の諸方に血が回ってしまうのだという。それは血ワタ（血溜まり）となって残り、周辺の肉を傷めるだけでなく、時間の経過とともにその部分から悪臭を放ちはじめるのだという。

鉄砲でシシの頭を射た瞬間。
このシシは13貫目だった

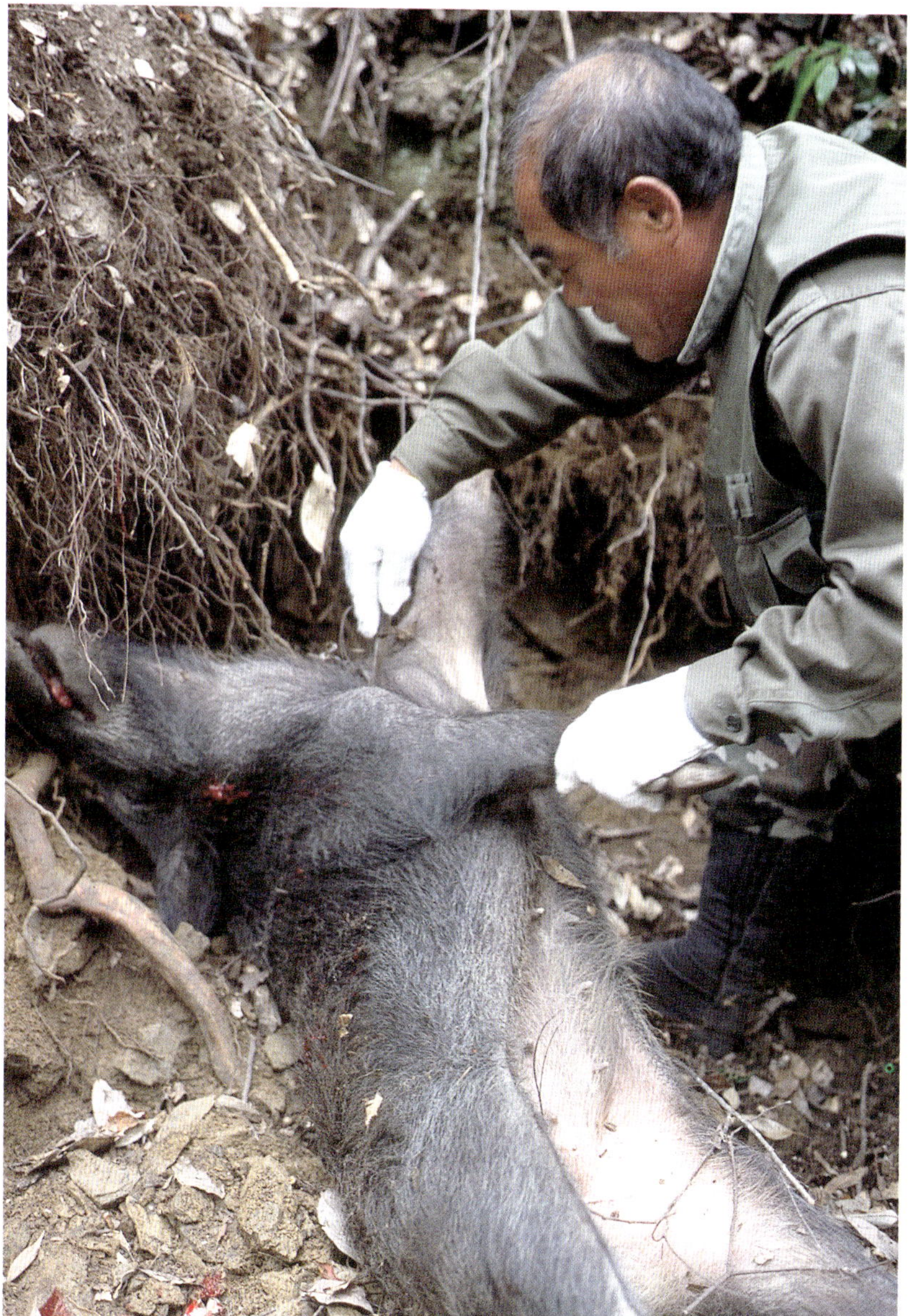

シシの頸動脈にナイフを入れる林さん。
このあと、頭を下にして斜面に寝かせ、
体内の血をきれいに外に排出させる

ワイヤーを切ってシシを罠から
はずす

頸動脈を刺したのち、頭を下にして血を抜く

血ワタは銃弾が体内でとどまった場所や、猟犬が咬みついた部位にもできる。だからこそ、シシ肉本意に考える林は犬を使わない罠猟にこだわり、さらには罠に掛かったシシを仕留める際にも、けして商品である肉を傷めることのないよう、頭を撃ち抜く方法を選んでいるのだ。こうして、最上の肉を待つ顧客のために、林はほんのわずかな肉質の劣化にも神経をとがらせているのである。

頸動脈を切る血抜きのテクニックを、林は狩猟の本から学んだという。猟や解体のテクニックは先輩猟師から教えられるのが普通だが、手先が器用で人一倍研究熱心な林は、それにとどまらなかった。改善の余地のあるものについては、積極的に工夫を重ね、より高い技術的地平を開いていった。「私は師匠を作らない主義ですから」のひと言に、林の旺盛な探求心がうかがえるのである。

荒谷のもう二個所の猟場を大急ぎで見て回ったのち、シシ肉（商品）の劣化を恐れた我々は、仕留めたシシを軽トラックのエンジンから最も遠い荷台に載せ、東郷への帰路を急いだ。エンジンから伝わるわずかな熱さえも、林は厭うべき邪魔ものと考えているに違いない。少しでも味を損なったシシ肉を顧客に渡すぐらいなら、プロの罠猟師としてはっきり失格と思い定めているのである。

エンジンから離して寝かせ、
解体場に急ぐ

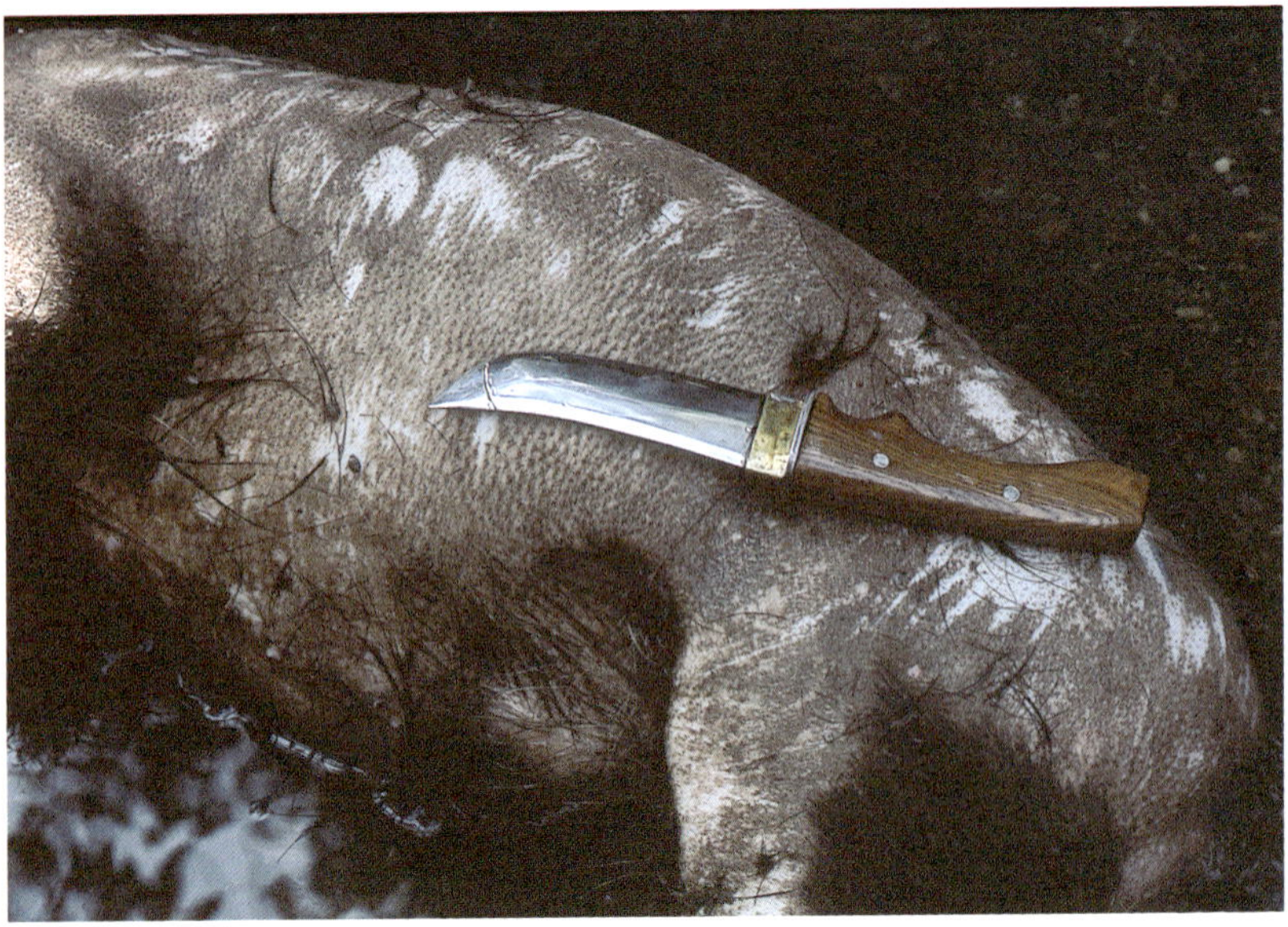

毛剃りナイフのふる里は四国の山間にあった

工場のある出口にもどると、林は国道を挟んで向かい側の山裾を流れる谷川にシシを運び入れた。その細流はちょうどシシの体を横たえると水に沈むほどの深さがあり、ここでまず〝解体〟の前段として、シシの全身の体毛を剃るのである。十一月下旬の渓流はいまだ氷結していないとはいえ、指が切れんばかりの冷たさだ。

林がおもむろに道具箱から取り出したのは、小原の渓で見覚えのある、あの切れ味鋭い毛剃りナイフだった。私はこのカスタム・ナイフのことが気になり、後日、これの作者である愛媛県河辺村（現大洲市）の山中に住む鍛冶職、松本久雄をたずねた。そこは山間のちっぽけな植

2 1
3
4

1 冷水につかるシシと毛剃りナイフ
2 左から毛剃りナイフ、骨抜きナイフ（2本）、肉切りナイフ
3 松本さんが打ったオリジナルのナイフ（下）と、その後に林さんが手をかけた完成品
4 林さんから松本さんのところに届いたナイフの型紙

松という集落で、空の狭い急峻な谷に小造りの民家が固まっている。そのとっ付きに松本の家はあった。数日前、電話で連絡をとったときには、「とても見せられるような仕事場ではないので、わざわざ来てもらっても、こちらが困る」と、松本は固辞の姿勢を崩さなかった。

細い山道を挟んだ母屋の反対側に、父から松本が引き継いだその小さな仕事場があった。なるほど、年季の入った職人の作業場だった。山側の壁寄りにコークスを投げ入れる炉が切ってあり、反対の道路側の壁にもたれるようにベルト・ハンマーが据えられている。土壁の作業場はやっと十畳ほどの広さだが、そこに濃密な人間の〝生〟が刻まれていることが瞬時に理解できた。

「近ごろはいよいよ仕事が少なくなりまして……。農具の直しがたまに入るくらいです。林さんの注文は、特別なものなんです」

松本と林との出会いは、寺原利生が働く林業会社に松本の従弟（宮本清）がつとめており、その仲介でふたりは知り合ったものらしい。宮本がふだん持ち歩く松本製のナイフの切れ味に、林は瞬時にその道具としての価値を見出したに違いない。むろん、狩猟のプロである林にとって、そのナイフを作る鍛冶職が有名であるか否かは、まったく問題ではなかった。そこは職人同士、林は松本の腕を買ったのである。

ところで、松本は昭和二年の生まれである。当時、鍛冶屋だった父親は近隣の城川町に住み、いい刃物や鍬を作ると評判だった。昭和十三年になり、折からの戦時体制の影響もあって、蹄鉄の需要が急増した河辺村（現在地）に家族をあげて移り、蹄鉄作りに没頭する。松本の技術はこの父親から学んだもので、兵役からもどると、ごく当たり前のように父のあとを継いだ。そのこ

仕事場に立つ松本久雄さん。
父親から２代続きの鍛冶職だ

ろには蹄鉄ブームは去り、一般の野鍛冶として生きる道しかなかった。

昭和三十年代ごろまでは景気もよく、若い向こう打ちも雇い、のちには土佐山田でベルト・ハンマーを購入した。そうして二男二女の子どもに恵まれ、鍛冶ひと筋に四人を立派に育てあげたのだった。

林のナイフの話に矛先を向けると、松本はとたんにそわそわと落ちつかなくなった。

「何も変わったことはしていません。地鉄に割り込ませているヤスキハガネの青2号、あれのお陰です。それに何よりも猟師の林さんの研ぎの腕がいいからですよ」

と、松本は謙遜する。しかし、焼き入れの話になると、「焼きすぎはぜったいにダメ。鉄の粒子が粗くなってしまうから」と身を乗りだしてきた。林が認めた鍛冶師だけあって、細部へのこだわりは尋常ならぬものがあると見た。

かつて松本さんが打った蹄鉄や鍬先など。
蹄鉄は土産にもらった

別れ際に、使い慣れた仕事場をグルリと見渡した松本は、「何もないから」と言いつつ、かつてみずから打った馬の蹄鉄を二つ、河辺土産にと古い新聞紙に包んで私に手渡した。

内臓の取り出し時に注意を要するユウのあつかい

谷川での林の毛剃りは一時間あまりにもおよんだ。絶えず水をシシの体に浴びせながら、ひたすら根気よく丁寧に剃り続ける。毛が剃れるたびに、体皮に付着した垢が黒々と見え、皮の下の純白の美しい脂肪がのぞく。毛剃りに際して、シシの体を流れに対して逆さに横たえるのは、逆毛にすることによって、シシの体表についた泥や砂が落ちやすいからだという。

このときも、剃りはじめから終わりまで、林はついぞ途中で一度たりとも毛剃りナイフの刃を研ぐことはなかった。松本特製のナイフの切れ味を、改めて思い知らされる。毛剃りナイフが当たったシシの体皮をよくよく見ると、脂肪の中に一〜二ミリ食い込む形で、きれいに一本一本の剛毛がカットされている。これも切れ味の鋭さを示す証拠にほかならない。

林の鑑定によれば、このシシは四歳のメスで、いまだ出産を経験していないか、あってもせいぜい一度しか子を生んでいないはず、という。それは乳首の小ささからの判断であるらしい。メジシはふつう二、三年で繁殖能力をつけ、一度のお産で五〜六匹の子を産む。メジシは成長しても十八〜二十二貫どまりで、片やオスだと四十〜四十三貫にもなる。寿命はしぜんに老いたとして八歳あたりが最高で、それは人間の八十歳くらいに相当するという。

全身の毛剃りが済むと、林はシシの体を仰向けにして、腹を中心に首から尻にかけてナイフを入れ、内臓の取り出しにかかる。このとき注意しなければならないことは、肝臓の裏に隠されているユウ（胆嚢）をけして傷つけないことだ。ユウは陰干しして乾燥させると熊の胆同様、高価な薬として珍重されるが、この解体の際に傷ついて生の汁が体内に漏れようものなら、肉にその臭みが染みついて、とても食べられたものではないらしい。

意外なことに、林はユウにも取り出した内臓にも、ほとんど興味を示さなかった。心臓と肝臓だけを切り取り、あとは炊いて犬の餌にするのだという。椎葉の猟師などが知ったら、「もったいない」と溜め息をもらすところだが、処理に時間のかかる内臓は、連日解体に明け暮れる林にしてみれば、いちいちかかずらっていられないことも、また確かなことなのだ。特に、大腸や小腸の掃除は大変で、それだけで間違いなくひと仕事になってしまうだろう。

林に言わせると、「町場に近い分、シシの食文化もだいぶ都会化した」ということになるが、あとで分かるように、その都会化した食文化もけして侮れないものだった。食をふくむ狩猟文化の総体とて、時代とともに変遷をとげ、ある部分では旧態を失い、一方で新しい要素が加わることこそ自然なことなのだろう。その点、林は新時代の罠猟師と呼ぶべき存在なのかもしれない。

毛剃りを前にして、愛用の
カスタム・ナイフを研ぐ

1 冷水の中での毛剃り作業。肉の品質を保つためには欠かせない
2 剃った毛の下から、体皮に付着した垢がのぞく

毛剃りが済んだシシを仰向けにし、胸から腹にかけて縦にナイフを入れ、腹開きにしてゆく

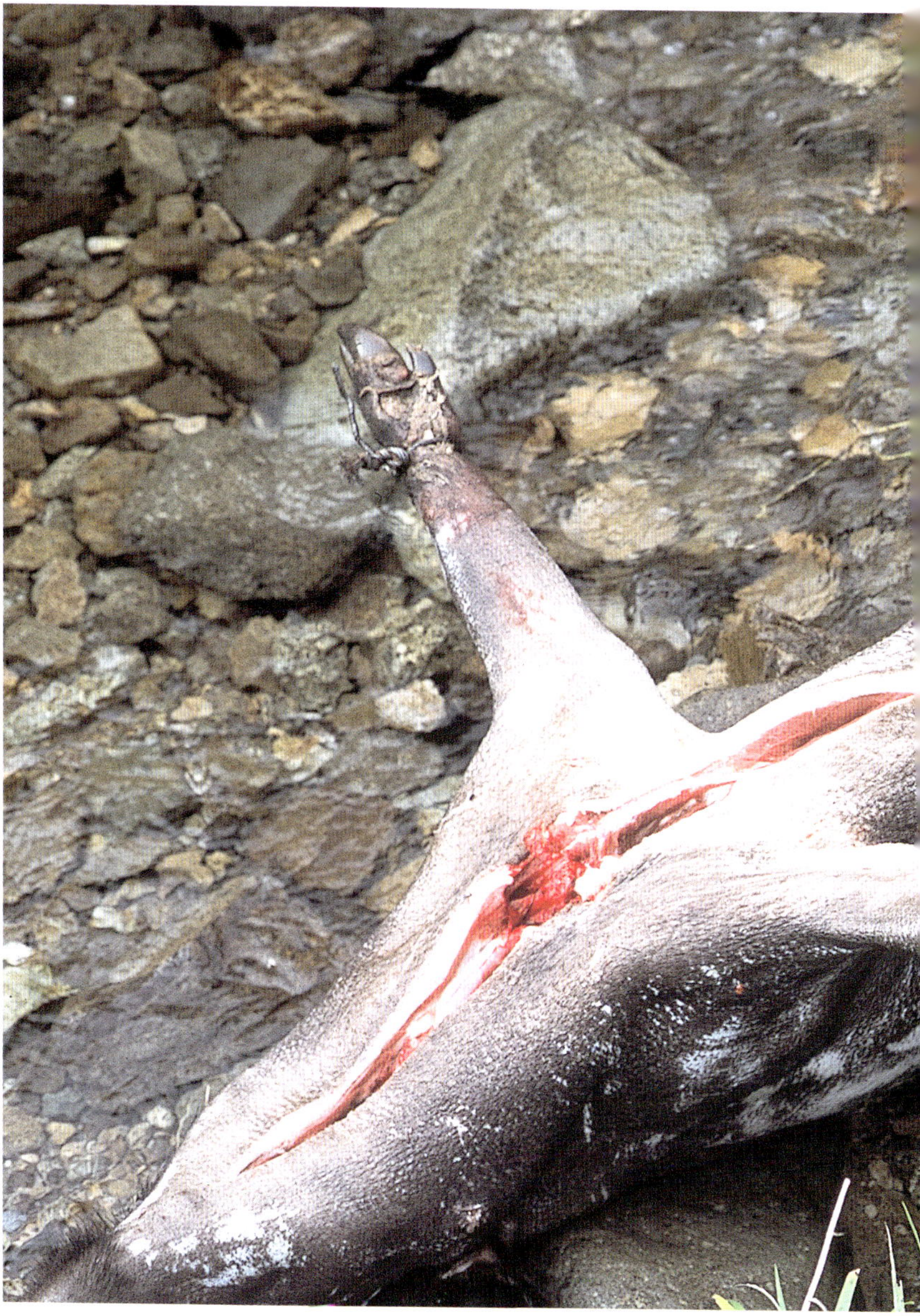

脂肪の厚さがよく分かるカメラ・
アングル。作業を手伝うのは猟仲
間の村川憲正さん

2		1
6	4 / 5	3

1 小腸と大腸がのぞくシシの下腹部
2 慎重にシシの股の部分を切り開く
3 心臓にナイフを入れる林さん
4 内臓を取り出す際、肝臓と一緒に顔を出したユウ
5 丸ごと取り出されたシシの内臓と尻尾
6 胃の中の内容物。ドングリの不作がここからも分かる

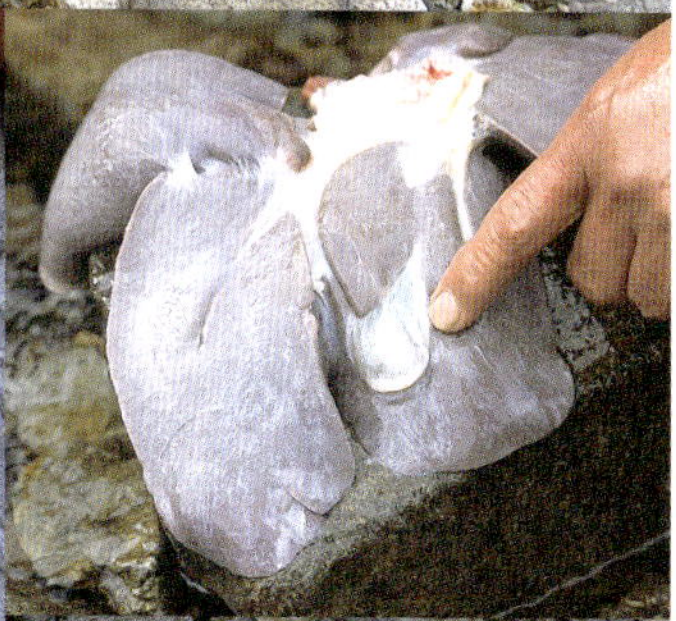

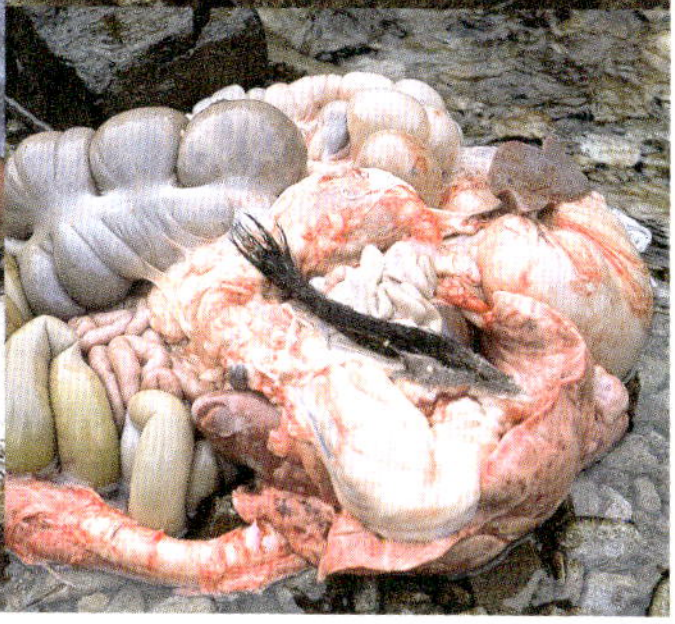

内臓をすべて取りだし終えた状態。
このまま工場に運びこみ、細かな
解体作業に移る

理にかなって美しい考え尽くされた解体術

内臓を取り出したところで、林はシシを工場に運ぶ。敷地の一郭に屋根つきの簡素な解体スペースがあり、ここに置かれた移動自在の鉄製の台車は、廃材を利用しての林の手作りだ。また、台車の上に載るタタミ一畳ほどの広さがある巨大なまな板が、これからはじまる解体ドラマの高揚を予感させる。

まな板に横たえたシシはまず背割りをしておいて、四つの足首と頭を切り落とす。次にシシを仰向けにし、胴割りで全身を二分する。すでに毛剃りナイフは役目を終え、鋭角的な刃を持った骨抜きナイフに持ち替えられている。

ところで、九州山岳ではシシの解体時、伝統

工場に運びこんだら、まず大きなまな板の上で背割りを入れる

的に二つの手法がとられてきた。一つは〝金山下ろし〟で、もう一法は〝本下ろし〟。前者はシシを胴切りにして四足に分かち、のちに骨を除くやり方で、後者はまず背を割ってから四足に分かち、その後同様に骨を外すというものだ。

林は当初、日向市内にある大手ハム会社の工場や町の肉屋で徹底的に解体の研鑽を積む。その上にみずからの工夫とアイディアを重ねて編み出したのが、現在の先進の解体術である。それは伝統の金山下ろし・本下ろしのいずれとも異なる、流麗で理にかなった真に個性的な技だった。

左右に二分された胴体は、次に各々十二本ずつある肋骨が外される。上からの三本はいわゆるスペア・リブで、ブタのそれと同じく、塩焼きにするとじつに美味だ。続いて、両の前肩にある大きな皿のような肩骨（ハゴイタ）を取りのぞく。最後に四足部の骨を外せば、シシの胴体からすべての骨が消え失せ、純粋な肉の塊だけとなる。左右とも前後の足を重ねて等分に切ると、四つのパートに分かれた肉塊がほぼ同じ大きさになるから不思議だ。

終わってみれば、林の手捌きはまさに〝魔法〟そのものと思えてくるのだった。骨を抜かれてまな板の上にきれいに横たわっている肉塊は、モノそのものというより、どこか別の生命を吹きこまれた、もう一つの生き物と感じられてしかたがなかった。それは、罠猟師・林豊のシシの命に対する尊厳が、形となって現れた瞬間であったかもしれない。

背割りにされたシシの胴体。4つの足首も切り落とす。このあと仰向けにし、胴をふたつ割りにする

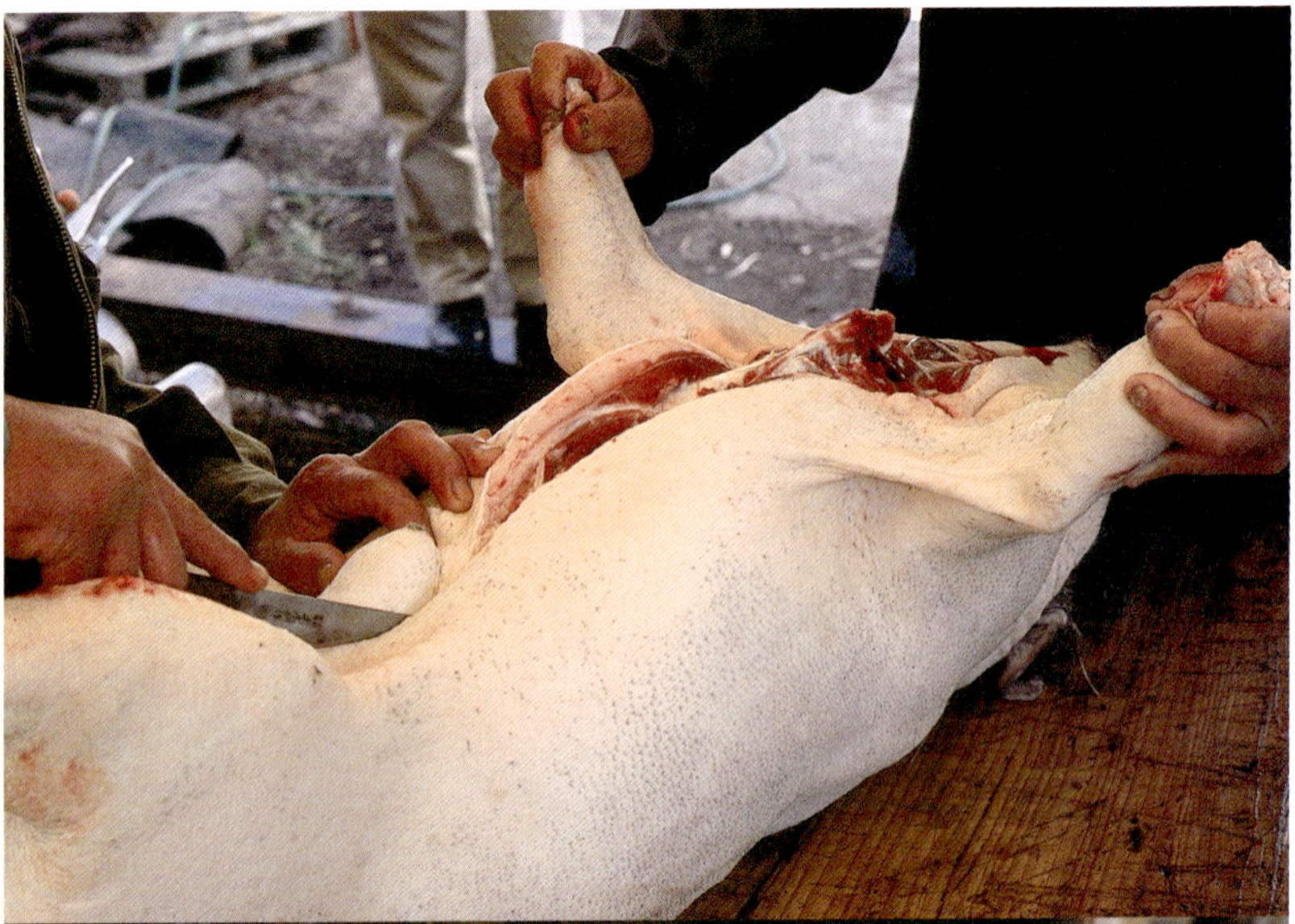

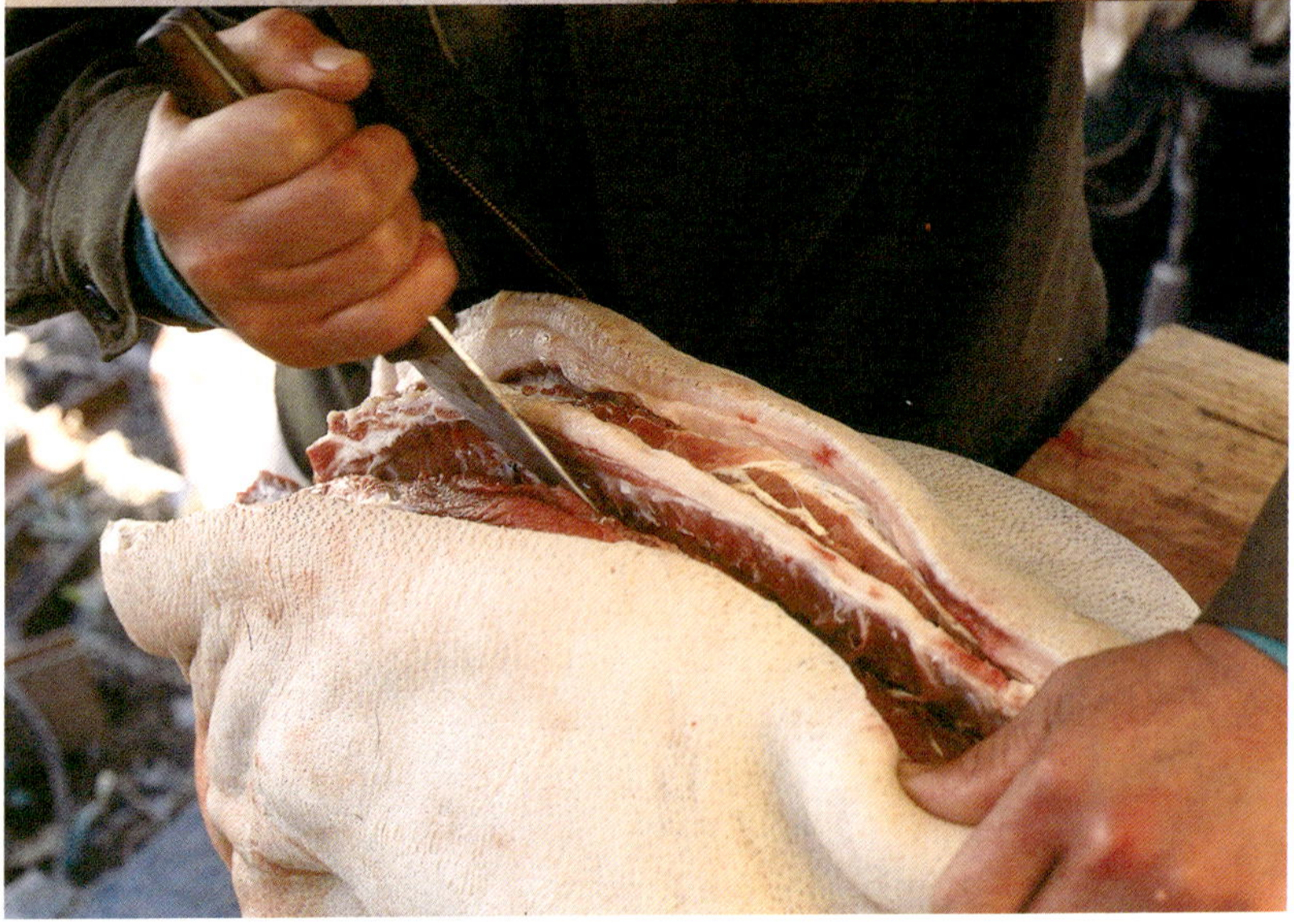

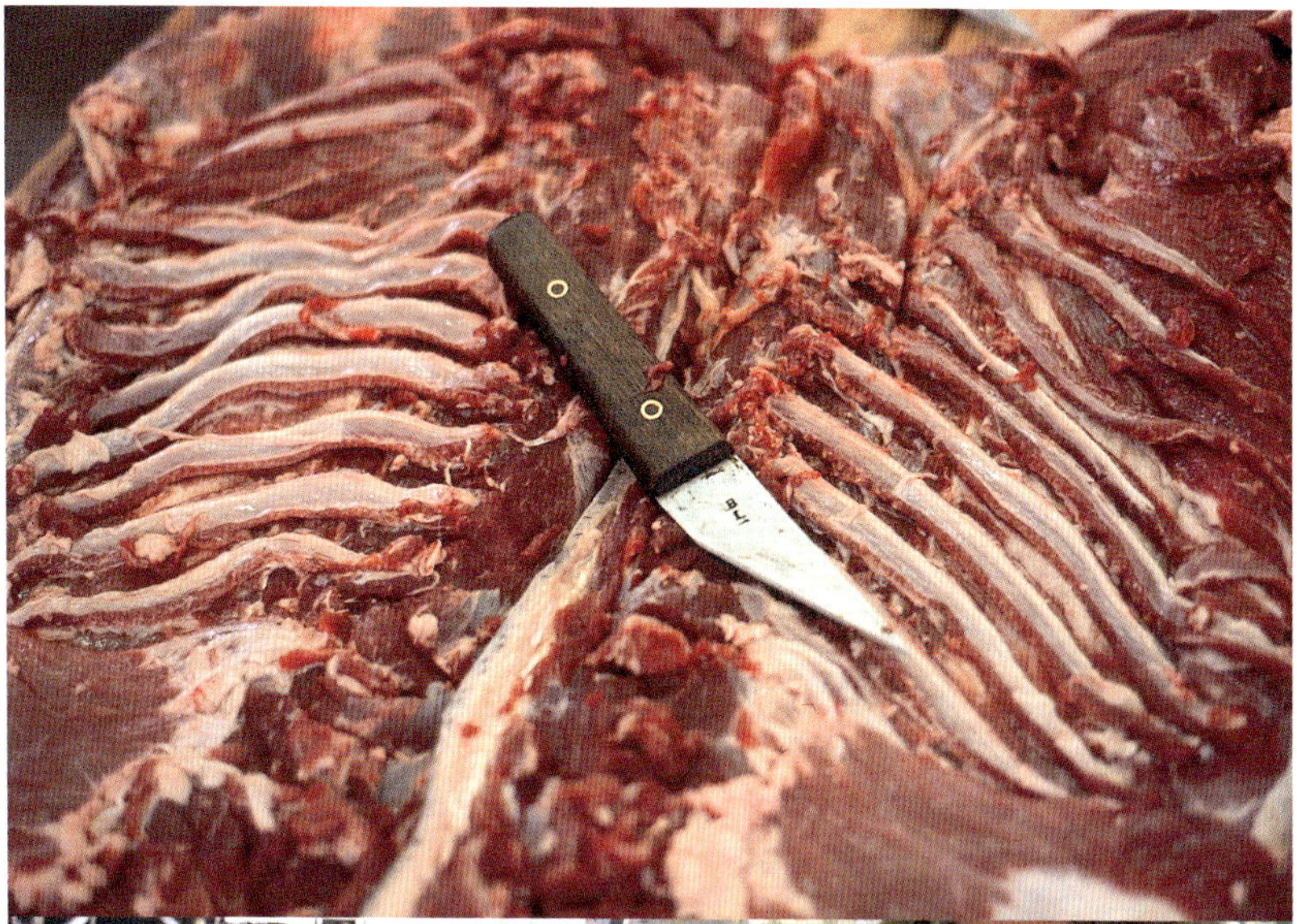

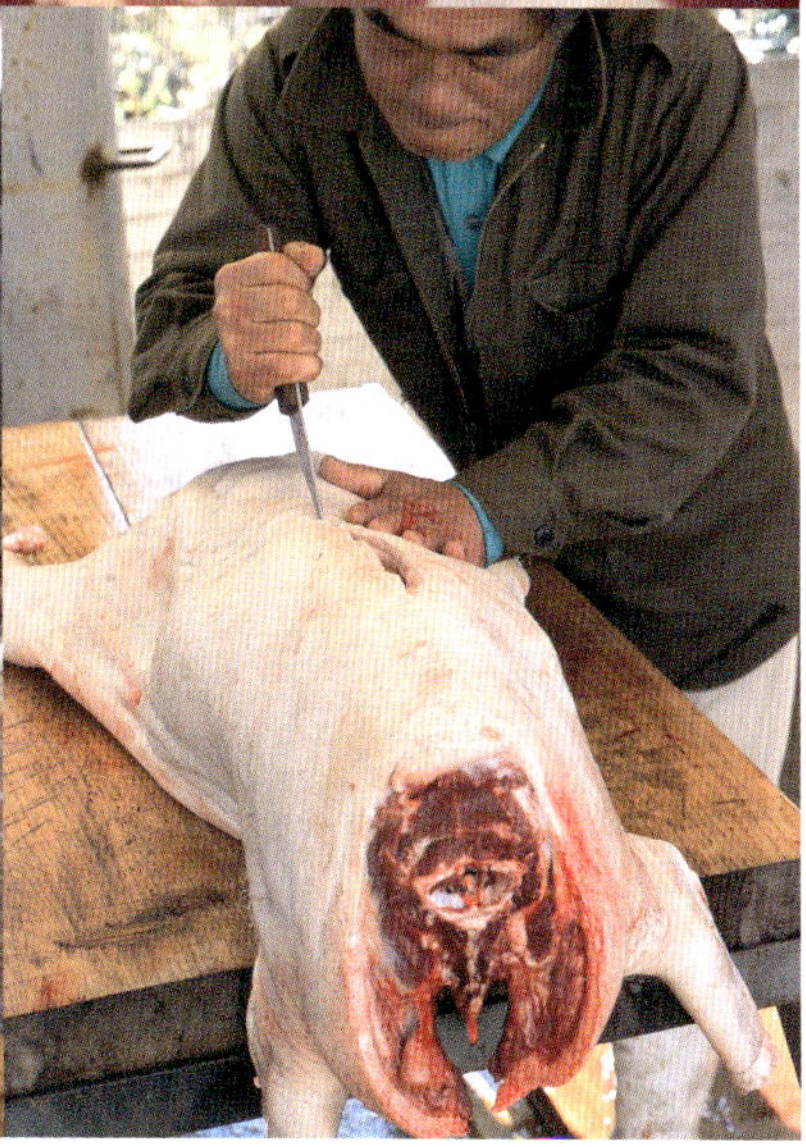

3		1
5	4	2

1、2、4 子ジシのときに捕えられ、ブタ同様に飼育されてきたシシ。
脂肪の白さが際立つ
3 肋骨がきれいに外された胸肉の部分
5 林さんの手にかかると、スペアリブにもほとんど肉がついていない

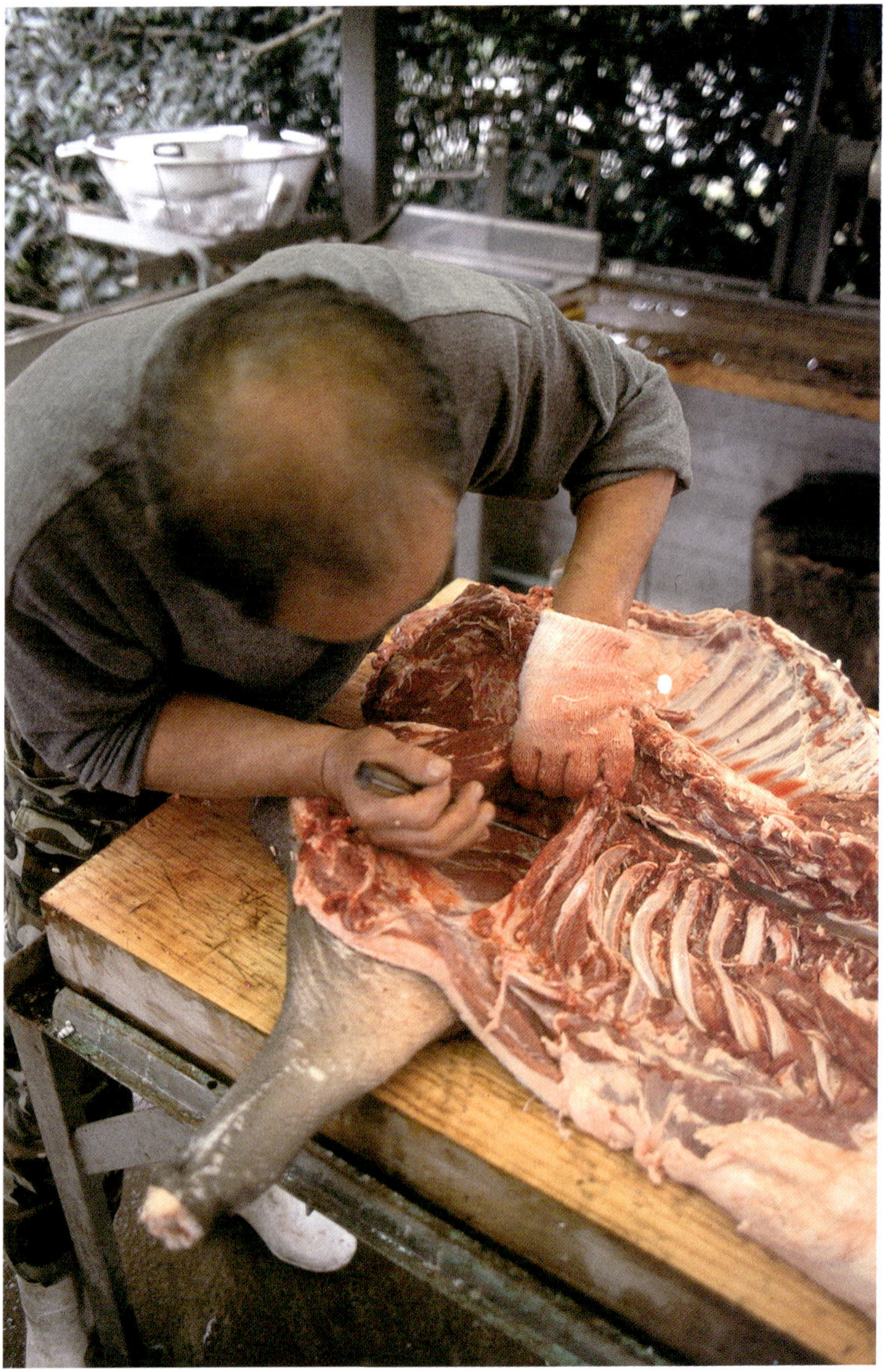

胴割りで全身を縦に二分する。ここでは骨抜きナイフが重宝する

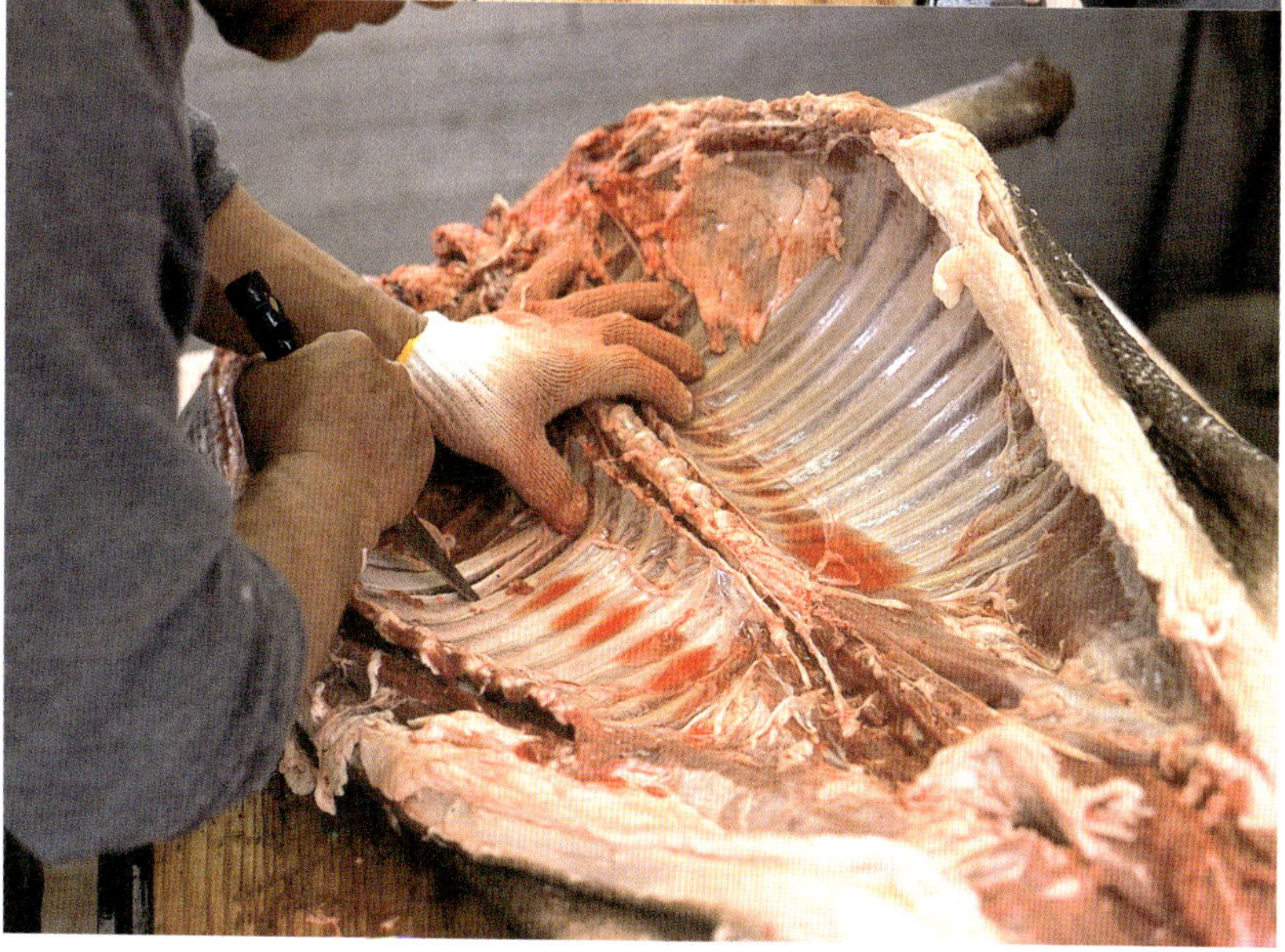

1 大詰めに入った解体作業。村川さんの表情も真剣そのもの

2 肋骨を外す林さん。シシのスペアリブはブタのそれより旨い

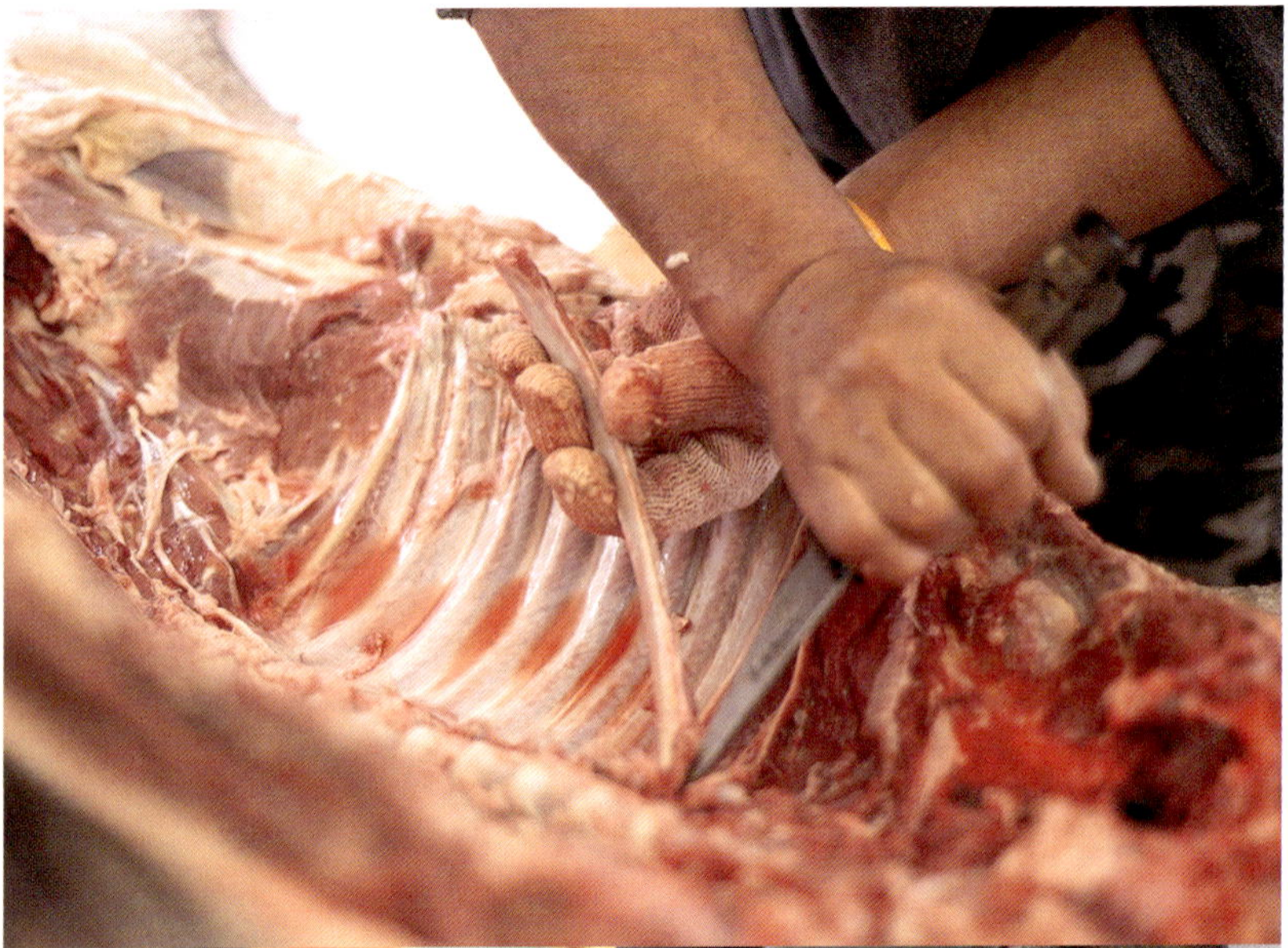

1
3 | 2

1 鮮やかなナイフ捌きで肋骨をはずしてゆく林さん
2 ふたつ割りにされたシシの胴。すでに片側の肋骨はきれいに外されている
3 シシの肝臓(奥)と心臓

解体を終え、ひと息つく林さん。
骨をすべて外された肉が、まるで
衣装のように横たわる

シカの解体

クレーンにシカの胴体を吊り下げた状態にしたら、次に首にナイフを入れ、一気に外皮を下端(後ろ足)までめくり取る

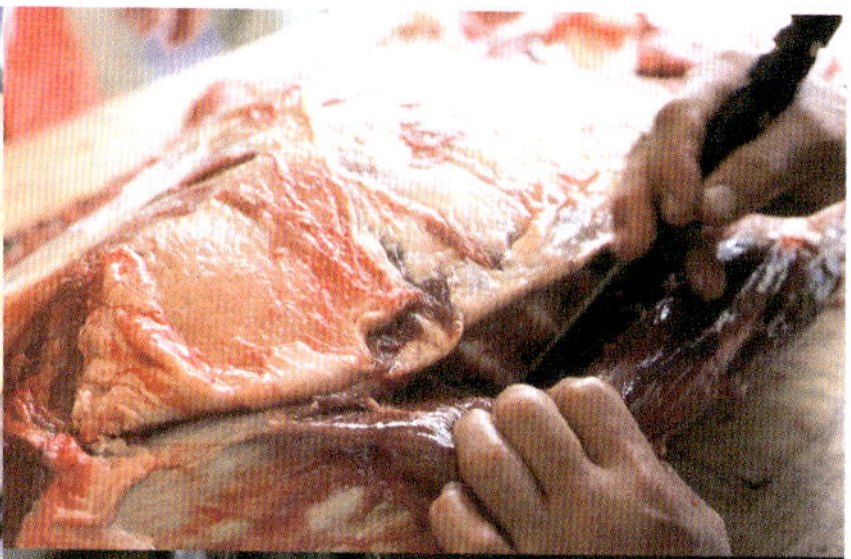

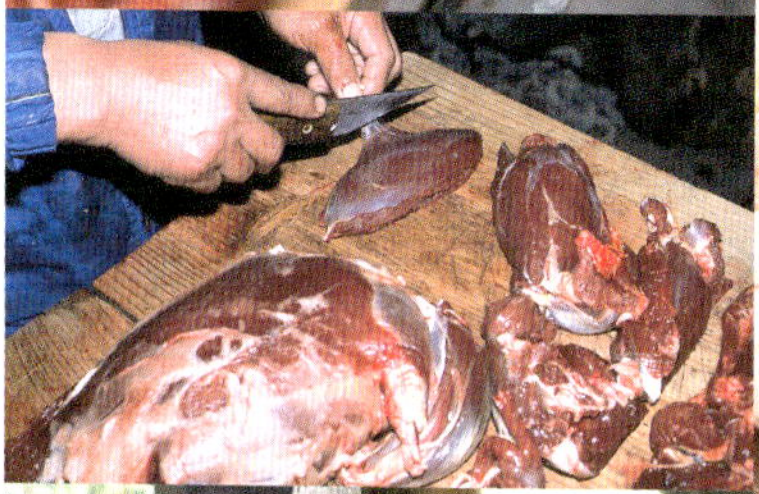

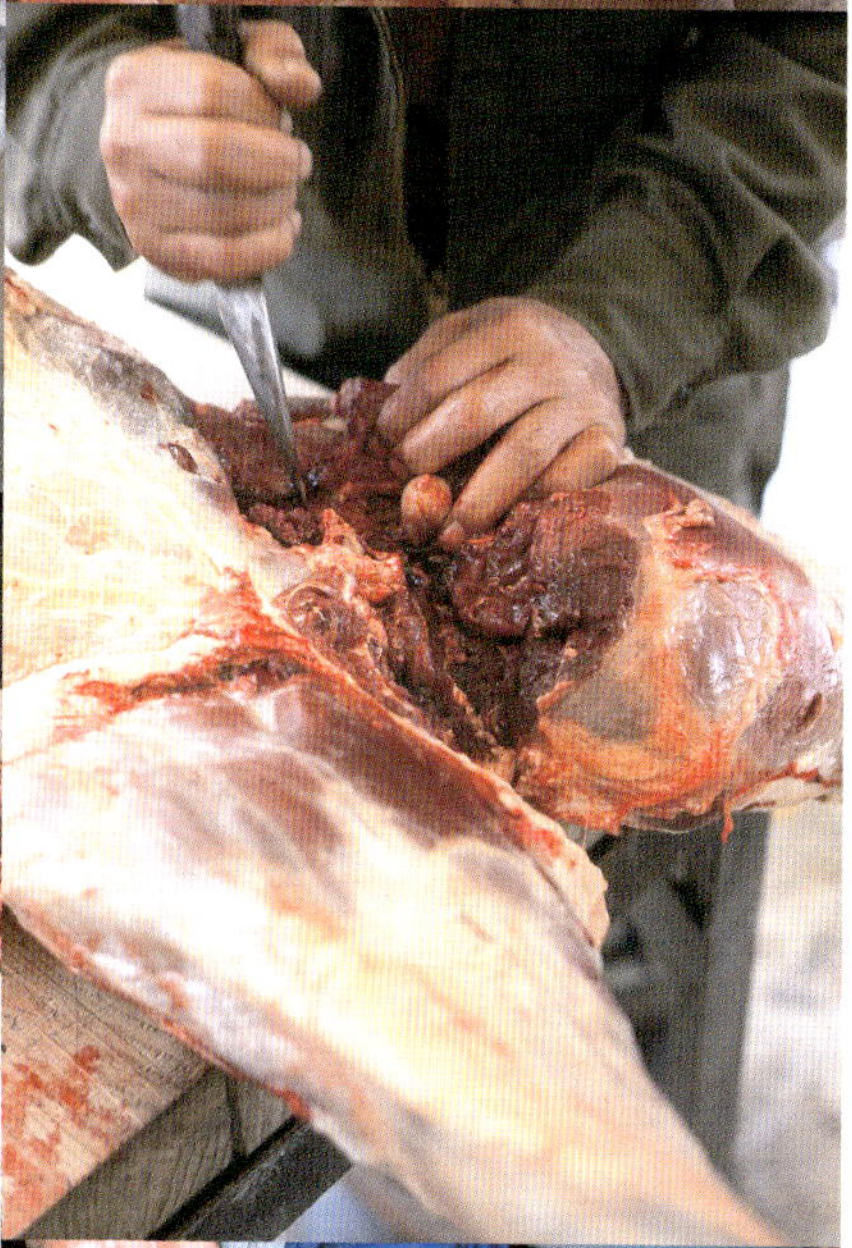

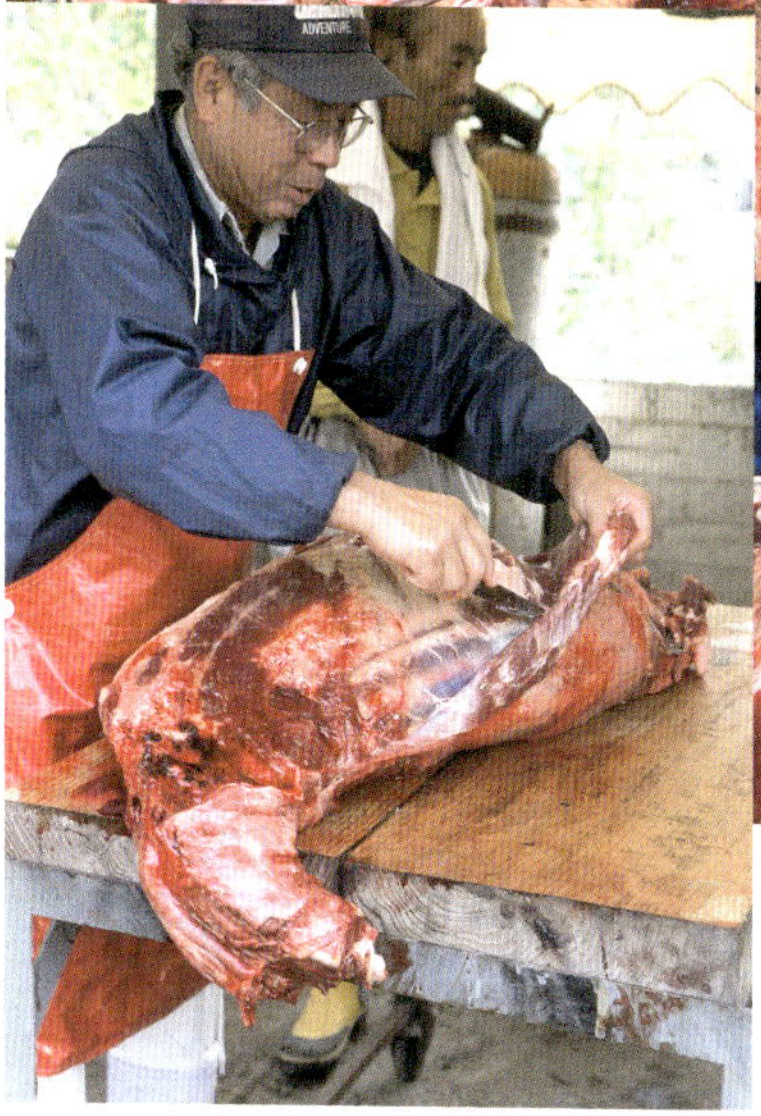

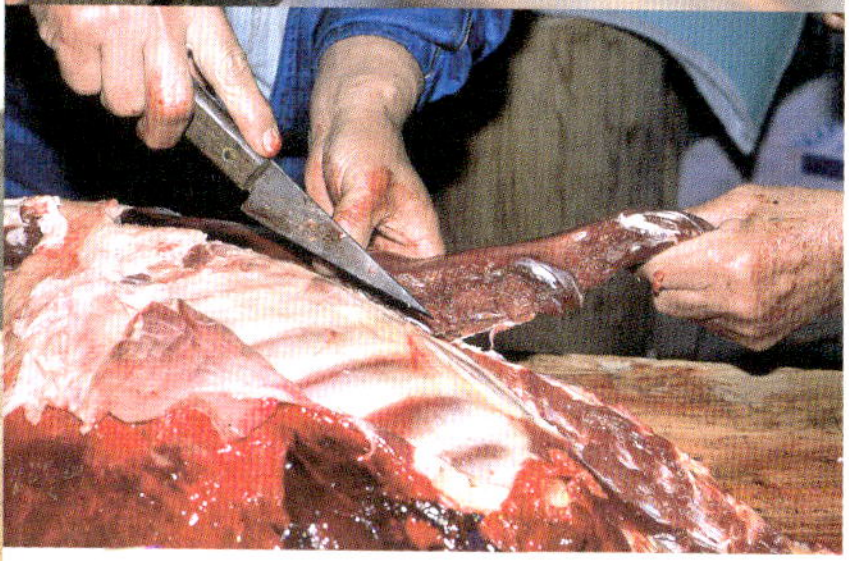

シカの肉は、背中の両側についているロースと、胸周りの肉が中心。肉を包む薄い脂肪の膜を取り除くのが大変で、解体に大変な時間を要してしまう

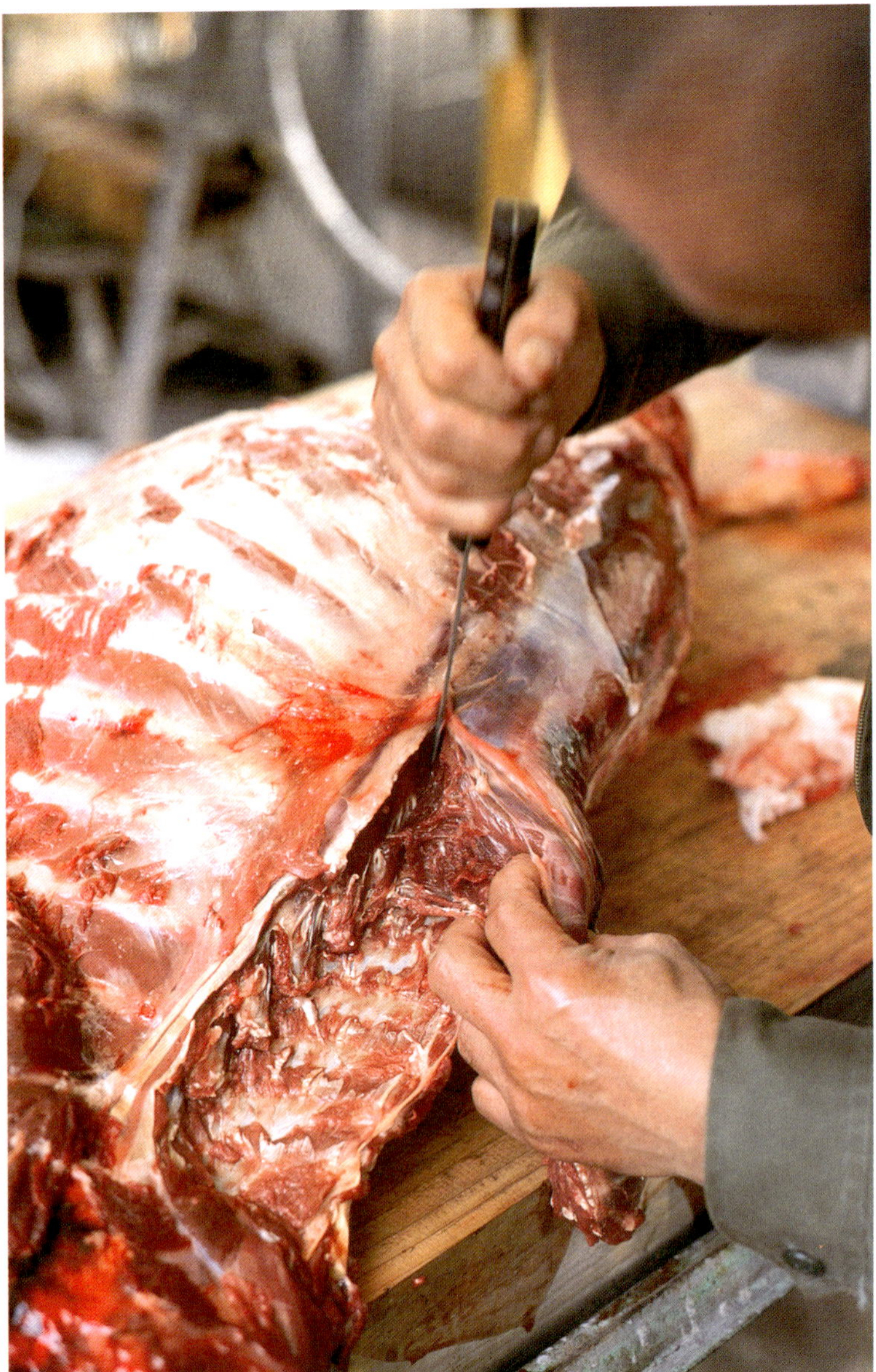

背骨の両脇からロースを切りとる。
脂肪の膜に覆われた様子が分かる

1 | 1 シカの背中からロースを切りとったところ。林さんが手にしている棒状の塊

2 | 2 シカ刺で乾杯。シカ肉の歩留まりはあまりよくない

九州山岳の罠猟が占う日本の〝山〟の未来

最高のシシ肉は〝山ジシ〟のメスにとどめを刺す

解体の一部始終を見終わって、印象に深く残ったことがいくつかある。林のナイフ捌きの見事さは今さら言うまでもないが、最初からずっと注目していたのは、ワイヤーにくびられたシシの右足だった。林から何度も聞かされていた〝血ワタ〟の出来具合をこの目でじっさいに確認したかったのだ。

両の前肩にある肩骨を外したあと、最後に四足部の骨が丁寧に取り除かれるそのとき、足の内部が開かれて、ワイヤーに括られた部位（足首から上）がはじめて姿を現した。左の前足と比べて、その差は歴然としていた。つまり、右の脚にはほぼ全体にわたって、ゼラチン状の黒々とした血ワタがベットリとへばりついている。足首を括られたシシが、ワイヤーから逃れようとして必死にもがいた結果、内出血をおこし、それが血ワタとなって残ってしまったのだ。

これは頸動脈からの血抜きをする、しないにかかわらず、ワイヤーを使った罠猟である限り、この部位の血ワタは防ぎようがない。ただし、シシが暴れる時間をなるべく短くしてやることで、内出血も軽度で済むから、やはり頻繁な罠の巡回が欠かせないことになる。もちろん、シシの全身を傷める胴括りに比べたら、足括りの損傷などものの数ではないのだが……。

血ワタとともに目にとまったのが、肩肉へかけての肉色の変化だった。ふつう、シシの健全な肉は鮮やかな深紅色をしているが、右足から肩への肉が、くすんだオレンジ色を帯びている。これも、シシが長時間にわたって暴れたことにより、筋肉が炎症をおこし、変色をきたしてしまった結果なのだ。むろん、この程度なら食べる分にはなんの支障もないのだが、林はいとも無造作に切り捨ててしまう。顧客第一主義の林にとっては、信用の喪失をこそもっとも恐れているのである。

シシ肉の体積に関する林の話も興味深かった。十六貫（約六〇キロ）から下のシシだと、だいたい体重の六割くらいが肉で、二割弱がハラワタ、残りが骨（頭蓋骨を含む）だという。十六貫よりも大きくなると、肉質は硬くなるが、たいがい肉の比率が高くなる。つまり、一〇〇キロのシシでいえば、とれる肉は六〇キロ以上にもなるということだ。ちなみに、シカの場合は全体重の一割五分しか肉がとれない。解体が面倒な上に肉の部分が少なく、そのうえ味も劣るとなれば、名手の林が猟の対象にしないのも、よくうなずけるのである。

シシは一般にオスは体臭が強く、メスはほとんど臭わないという。春の盛りのころのオスは特に臭いが強いらしい。肉そのものの旨さも断然メスが上で、それも十貫前後（三八キロ程度）のメジシが最高だという。これが寒の時期を迎えるといっきに脂がのり、一段と旨くなるのは言うまでもない。

しかし、シシ肉の旨さを語る際には、ここに挙げた要件をうんぬんする以前に、前提として外せない重要なポイントがある。それは、そのシシが〝山ジシ〟か〝浜ジシ〟かということだ。これは私が長く付き合ってきた椎葉の猟師たちからもふだん聞いていたことで、山ジシは味がいいが、浜ジシはまずいという言い分だ。今回、同じ言い方を林の口から聞いて、私は期せずしてこの言説にはっきりとした確証を得た気分になった。

山ジシとは山岳部に棲む山育ちのシシで、草の根やドングリなど植物性の餌で成長したシシを指す。一方、浜ジシはどちらかというと海岸に近い低地部に棲み、サワガニやヘビなど動物性タンパク中心（雑食）の餌で育った個体群ということになる。

「解体の時、肉の色をひと目見れば、どちらかすぐ分かります。山ジシは脂肪の色がきれいな白で、浜ジシは黄色をしている。山ジシの脂はサラッとしていて、食べても断然美味しいですよ」

林のこうした説明を聞くまでもなく、野生動物一般について共通して言えることは、その動物が草食（植物性の餌）である場合、まず例外なくそれの肉は旨いということだ。このセオリーは魚、カメ、各種野鳥、小動物など、何にでも当てはまる。それどころか、本セオリーはニワトリ、ブタ、肉牛などの家畜においても真で、植物性の餌だけで育った家畜の肉は、そうでないものと比べて明らかにおいしさに差があり、また脂肪の色もはっきりと白い。

さて、この日林が解体したシシは十三貫のメジシで、しかも未産らしいということで、寒のシシでないことを除けば、ことごとく旨いシシの条件を兼ね備えていた。さすがに脂ののりは今ひとつだが、私が過去に食べたあらゆるシシと引き比べても、間違いなく旨さが際立っていた。旨さ以上に驚いたのは、獣特有のいやな臭いがまったくしなかったことだ。この日、私に同行して東京からやってきた知人たちも、この肉の相伴に預かると、みな異口同音の感想を述べていた。これらの点からメジシそのものの〝持ち味〟をある程度評価しなくてはならないが、この肉の本当の旨さの秘密が頸動脈の血抜きにはじまり、冷水中での毛剃りを経て、解体終了へと導いた林の高度な技の中にあったことは、言うまでもない。肉の味はシシの素性が少々と、そのおおかたは猟師の入れ込み方（哲学）ひとつで決まってしまうのである。

健全な山の姿が山の民の暮らしと狩猟文化を守る

解体のあとは、決まって鉄工所の庭で直会があり、それがまた楽しかった。いちいち連絡せずとも、なぜか猟のあった日には、いずこからともなく、林の取り巻き連中が湧き出ずるように集

まってくる。初対面の人間であろうと、林はかならず快く直会の輪に誘った。

料理もいつも林が率先して作った。メニューはその日の気分で、コロコロと変わる。鍋、塩焼き、味噌漬けの網焼き（もしくはフライパン焼き）、ホイル焼きなどのベーシックな料理に、レバニラ、心臓の塩焼きなどの単品が加わる。シシ肉にダイコンだけの具で、塩だけで仕立てる鍋と、三枚肉に塩、コショウをふり、ホイルに包んで焼くレシピは今回はじめて覚えたものであり、ともに絶品であった。

さらにジビエ（狩猟による鳥獣肉）といえばレバーというくらい、レバーファンの筆者だが、心臓の旨さはまったく想定外のものだった。タレでもいいが、やはり塩焼きにしくはない。そして、今取材のハイライトは、なんといっても生のヒレ肉だった。シカ肉を生で食べるのはごく普通のことだが、シシ肉の〝生〟は正真正銘

今回が初体験だった。

シシではヒレ肉は腰の両側にほんのわずかしかついておらず、とても貴重な部位だ。赤身ながら、しっかり脂がのっていて、ショウガ醤油で食べると、これが得も言われない旨さなのだ。甘くなめらかで、かつ新鮮で爽やか……。本マグロの中トロあたりに似ていなくもない。林が半分をホイル焼きにしてくれたが、微妙な風味を堪能するには、やはり生が一番であろう。

直会が最高潮に達したころ、地元の事業家に嫁いだ林の娘が、二人の孫を連れてやってきた。相好をくずして孫の口にシシ肉を運ぶ林の姿に、

7	5	2	1
	6	4	3

1 シシの心臓
2 はじめて生で食べたシシのヒレ肉
3、4 冷凍しておいたシシ肉(右)をスライスしたところ
5 これはおなじみのシカ刺
6 コショウをふりかけたシシ肉
7 ぶ厚いロースを自慢げに客に見せる林さん

命懸けでシシに立ち向かう孤高の罠猟師の面影はない。町の鉄工所の親方で、好々爺の役が似合うもうひとりの林がそこにいる。ふと〝鬼の霍乱《かくらん》〟のフレーズが頭に浮かんだ。

夜更けて、客人たちがあらかた消え去ると、しっとりとしたいい時間が庭に流れはじめた。熾火《おきび》になったブリキ缶のなかの燃えさしを見つめながら、屈強の罠猟師がひとりごつ。

「自分は絶対にいい死に方ができない、といつも思っているんです。シシに対して済まないという気持ちも、常にある。一方で、シシが獲れたときの喜びは、いまだに何ものにも替えがたいぐらいですが……」

それが猟師の当然の心性というものだろう。林の仲間の猟師をふくめて、耳川中・下流の狩人たちは、椎葉の年輩猟師が今も守っているような、狩りにまつわる儀礼や祭祀をもはやほとんど失ってしまっている。しかし、林は狩猟シ

ーズンの最初と最後にはもよりの山神に詣で、獲物の好首尾の捕獲と安全祈願を欠かさない。また、獲物が掛かった罠（グシ）には、かならず御神酒をひと掛けすることも忘れない。これだけでも、私は林を〝九州山岳最後の罠猟師〟と呼ぶにふさわしい存在だと思っている。

九州の尾根ともいえる山深い椎葉などでは、だいぶ前からシシの減少が話題になっている。林が主として猟場としている東郷町・西郷村あたりでは、まだはっきりとした兆候は出ていないが、早晩同じ問題に直面するだろう。昨年は夏から秋にかけて何度も台風が九州に上陸した

7	5	2	1
	6	4	3

1 ちょっとオシャレな三枚肉のホイル焼き。これも美味
2 定番のレバニラ。獣特有の臭みはまったくない
3 これも定番の鍋。味噌は最後にほんの少しだけ入れる
4 今回覚えた塩だけで仕立てる鍋。このあとダイコンが入る
5、6 ダイコンが入った塩鍋。さっぱりと、とても美味
7 猟のあとの至福のひととき

ため、ドングリがほとんど樹上で実らず、ために今シーズンは痩せたシシばかりが目についたという。

「自然が変わりすぎて昔の面影はないですね。川（耳川）の変化ほどではないにしろ、偏った針葉樹の植林、強引な林道の敷設、夥しい砂防ダムの建設などで、山も間違いなく瀕死の状態です。野生動物がいつまで耐えられるか……」

こうした状況下、取材という大きな邪魔が入ったにもかかわらず、林はこの狩猟期間中にシシ三十七頭、シカ十八頭という成果を残した。私という異物が常にシシに最高度の警戒態勢を敷かせたにもかかわらず、である。普通の罠猟師ならシーズンにせいぜい一～二頭、腕利きを揃えた組狩りの鉄砲隊でも四～五頭の獲物が関の山のはずだ。改めて、林の罠猟師としての格の違いを思い知らされる。ところで読者の中には、自然保護の立場から、狩猟を否定的に捉え

る意見を持つ人がいるかもしれない。しかし、それは本末転倒の見方で、ささやかな狩猟文化に責任転嫁したところで、何もはじまらない。まずもって人間の発想をこそ改めない限り、自然を守ることもできなければ、根本的な動物愛護も成り立たない。

だが今後は、好むと好まざるとにかかわらず、狩猟に携わる猟師たちにも、本来的な意味での自然保護の役割が求められるに違いない。個人的には、日本猟友会あたりが率先して国や山主に働きかけて、日本の山の何割かでも雑木主体のよりしぜんな姿にもどす運動をはじめるべき

3 | 2 | 1

1 何度か猟に同行した日向市在住の林利美さん
2 心臓(手前)とレバーを炭火で焼く
3 東郷町の猟仲間との直会。かけがえのない時間だ

だと考えている。野生動物を山の上にもどすことは、高齢化した山の住民の暮らしを守ることに繋がり、ひいては猟師みずからの生活と狩猟文化の継承に役立つはずだ。

そうした豊かな自然が取りもどされたとき、狩猟文化の持つ意味が改めて明らかになり、林の技もいっそう輝きを増すに違いない。日向の山で見たものは、卓越した罠猟師の伝統芸と、この国に課せられた緊急の〝課題〟にほかならなかった。

（文中敬称略）

1 直会で孫をあやす林さん。このときばかりは、剛直の罠猟師も一介の好々爺に戻ってしまった
2 林利美さんと鍋を食らう
3 東京からの訪問客を塩焼きでもてなす

猟の合間に、相棒の寺原寿さん(左)
と鍋を楽しむ

東郷町出口の猟場近くを流れる渓流。
人家から200メートルと離れていない

諸塚村荒谷の美しいカシの森。
ここも林さんの重要な猟場の
ひとつだ

あとがきに代えて

ひとシーズン、林豊さんの罠猟をじっくり見させてもらって、九州の狩猟文化の粋ともいうべきものに、心底酔った。毎回、豊さんと罠を仕掛けてある山を駆けずり回るだけでも、充分楽しかった。猟がない日でも、山を歩くだけで気分は爽快だった。もともと私は足・腰には自信があったが、こちらからお願いした取材でもあり、途中で音をあげるような、みっともないマネだけは避けたかった。幸い、その点では豊さんに迷惑をかけることもなく済み、ホッとしている。

山は縄文文化揺籃の地という想いが、私にはある。山に入ると、まるで母親の胎内にもどったかのような感覚になるのは、日本人として当然のことである。だから、私がこの二十年、日本の山里ばかりを憑かれたようにたずね歩いているのも、ごくしぜんな行為に過ぎないと考える。日本の山岳のなかでも、私は特に九州の山を愛し、とりわけ宮崎県北の山里が大好きだ。

それゆえ、もっとも長く通った椎葉村については二冊の拙著をもち、今また県北の山を舞台にした新作の上梓にこぎつけようとしている。県北の山間部が素晴らしいのは、そこにまだ昔ながらの暮らしや民俗が色濃く残っているからだ。椎葉は別格としても、いわゆる耳川中・上流の入郷地域、また五ヶ瀬川流域の日之影や高千穂などにも、すでに日本の山村が失って久しい豊かな民俗が濃厚に息づいている。

夕照の雑木林。この日も罠の見回りで、いくつもの谷を歩いた

しかし、椎葉での二十年にわたる取材、さらに今回のシシ猟取材を終えた今、ぜひともメッセージとして宮崎県民の方々に、また読者諸兄に伝えたいことがある。それは、日本の山の〝疲弊〟である。むしろ〝崩壊〟と言ったほうが正しいかもしれない。

周知のように、わが国では戦後、まるで狂気の沙汰としか思えない執拗さで拡大造林を進めてきた。その初期のわずかな期間こそ、国産材が木材需要をまかなうひと幕を演じたが、安い外材（輸入材）の登場で一瞬にして国産材の出る幕はなくなってしまった。それでも、補助金を支えに針葉樹は植え続けられた。

強引で無茶な林道建設、最初から根づく当てもない急斜面への無謀な植栽、生態系をまったく無視した単一樹種の集中植林、さらに植えても売れないために放置され、陽差しの届かない真っ暗な林床……。結果として、山は至るとこ

雑木にクヌギとスギがまじった
東郷町出口の混交林

ろで崩落をおこし、土砂は渓に流れ、ダムを埋めた。また、保水力を失った山は、豪雨や台風のたびに鉄砲水を誘発し、下流域に毎年のように洪水、水害をもたらしている。昨秋の全県的な大水害は記憶に新しいところだ。

ただ、こうした災害は人間の自業自得で済むかもしれないが、呑気でいられないのが生態系への深刻な影響なのである。手入れされない針葉樹の山は、それまでそこに暮らしてきた動物たちにとっては、何ら餌になるものを育んでくれない死の大地にほかならない。餌が豊富な雑木山なら、鳥も獣も小動物も、さらに地中の微生物さえも健全に生きられる。動物がいなくなった山は、すでに完全に生態系が崩れてしまっているという意味で、自然とは遠く離れた世界、機能停止した死のサイクルと言わざるを得ない。

今回、農猟師の豊さんと猟で歩いた山は、諸塚の荒谷を除けば、すべて里山とも言っていい、

同じく出口の山の入り口におわす山の神。地元に住む小林光雄さんの先祖が祀ったもの

集落近辺の人間の暮らしにすぐ隣り合う場所ばかりだった。これは何を意味しているのだろう。ここから、ふたつの事実が浮かび上がってくる。ひとつは、椎葉のような源流域では、里山で呼ばれる下流域よりもいっそう針葉樹の植林が徹底され、ほとんどまともな雑木の山がなくなってしまっていること。その結果、餌を求めて、シシをはじめとする野生動物たちが、比較的雑木林が多く残る里山に大移動していること、の二点だ。

今、全国で野生動物が人家周りの畑に出没することが社会問題化しているが、無茶苦茶な山の乱開発を見据えれば、至極当然の結末であることが分かろう。山に住みたくとも、動物たちにはもはや住めるスペースがないのである。餌もなく、寝場所もないため、やむなく里に出没し、田畑を荒らすのだ。

しばしばテレビなどで、野生動物と闘う老人たちが写し出されるが、悪役にされるのはいつも決まって動物のほうだ。「丹精こめて育てた野菜を、一夜にして食べられてしまった。憎っくき動物め！」と、必ず老人のお決まりのコメントが紹介される。しかし、今のような無策の山作りが続くかぎり、野生動物たちとのイタチごっこは永遠になくならない。毎度、毎度、老人たちの同じコメントが流され続けるだろう。

山の荒廃、そして野生動物の跳梁が叫ばれはじめてからでも、すでにだいぶ長い時間が経過している。その間、この国の政治家も、彼らを国政に送り出した国民も、一度としてこの問題に本気で取り組もうとしなかった。日本人の悪いクセは、枝葉末節についてあでもない、こうでもないと、つまらない議論はしても、いつも肝心な本筋を外してしまうことである。問題の本質が

猟師たちにより祀られた伝統的な
山の神。大きな木の根方やウロで
見かけることが多い

理解できないため、根本的な解決策など、もとより望むべくもない。

動物とイタチごっこを続けている哀れな老人たちを、真剣に救おうと考えた場合、ふたつの手が考えられるだろう。ひとつは、邪魔な野生動物を一匹残らず皆殺しにする手だ。これで厄介者はいなくなり、サッパリすること請け合いだが、それにより生態系の破壊はさらに進み、早晩そのツケは人間に確実に回ってきて、人類の終末を間違いなく早めるだろう。

もうひとつの手は、あまりにも当たり前のことで、言うのもはばかられるぐらいだが、現在の尋常ならぬ山作りを早急に悔い改め、ほんの少しでもいいから山を動物にもどしてあげることだ。つまり、いい加減に針葉樹の植林をやめ、山の全面積の数パーセントでもいいから、雑木の山を復活させること。これしか方法はないのだし、この復活により生態系のひずみが改善され、人類の安寧にもつながるのだから、何の躊躇がいるだろう。

しかし、この簡単なことができないところに、日本人の闇があり、文明の限界がある。そこで、この難局に率先して立ち向かってほしいのが、豊さんをふくむ猟師の面々、つまりは猟友会のメンバーなのである。畑に野生動物が出没するたびに、彼らに鉄砲で動物を蹴散らしてほしい、などと言っているのではない。山に雑木をもどす運動の先頭に立ってほしい、と私は要請しているのである。

最近、野生動物が人里に下りてきたため、ハンターが人家の近くで発砲する機会がふえ、そのために銃器による人身事故や家畜への被害が年々増加している。それは大日本猟友会発行の会報を見れば明らかで、平成十五年を例にとると、この年銃器による死亡事故は幸い発生しなかった

1
2

1 狩猟シーズンを前に、日向市の射撃場で開かれた銃の講習会
2 罠猟とは別に、林さんが育てている猟犬の仔犬

ACTY
72-15

荒谷の峰上で、東京からの客と昼食を楽しむ。山の未来について、話は尽きなかった

が、傷害事故は全国で十九件おきている。つまり、野生動物が人里に下りてくることは、ハンターにとっても災難で、できれば避けて通りたいのが本音のはずだ。事故のおきる確率がなるべく低い場所で、心置きなくハンティングを楽しみたいというのが、ハンター共通の願いに違いない。

だからこそ、こうした事故を防ぐためにも、猟師は一丸となって野生動物を山にもどす責務があるのではないか。国も林家もいつまでたってもこの問題に真剣に取り組もうとしない今、哀れな老人たちを救えるのは、みずからそこ（山）を生活の場、あるいは楽しみの場としている猟師をおいて、ほかにない。

宮崎県猟友会の会長である米良安昭さんに会ったとき、会員の減少、特に若い猟師が育たないことを危惧されていた。猟友会が率先して健全な山作りを国民に訴えることで、組織の存在意義が見直されれば、若い会員の加入・増加につながるのではないか。環境問題がこれだけ社会で深刻の度をましている現在、ひとり猟友会のみが漫然とハンティングを楽しんでいていいわけがない。

自然保護団体に対しても、まったく同じことを物申したい。今や、追い詰められた野生動物が単純にかわいそう、鉄砲で撃つべきではないなどと、呑気な保護論を訴えている時間帯ではない。今のような開発型山作り（針葉樹化）をこのまま続ければ、早晩山からいっさいの野生動物は姿を消すことになるだろう。そのときには、自然保護もへったくれもあり得ない。

重ねて言うが、枝葉末節にこだわるあまり、本筋を見誤らないでほしい。野生動物が追い詰められてしまったのは、猟師に非があるのではなく、日本の山を野生動物が棲めない場所にしてし

林床にシダが生える出口の雑木林。
この周辺も、林さんが罠を仕掛け
るポイントのひとつ

まった政治の貧困、そしてすべての伝統文化をかなぐり捨て、ただひたすら拝金主義に走る日本人の生き方そのものにこそ原因があるのだ。

針葉樹の山をほんの少し雑木山にもどすだけでも、どれだけ健全な生態系が生き返り、野生動物の生息圏が広がるか分からない。動物が山奥に帰ることが許されれば、里山の老人たちはささやかな菜園でのびのびと野菜を作ることができるだろう。動物の繁殖力が回復し、個体数が安定すれば、猟師も安心して狩猟にいそしむことができる。

本文に書いたとおり、伝統的な狩猟は貴重な日本の文化である。巨大開発（植林）の非をこのちっぽけな狩猟に転嫁して、大事な日本文化の遺産を失ってはならない。山が健全な姿にもどったとき、狩猟がいかに貴重な伝統文化であるか、はっきり認識できるはずだ。まずは、一刻も早く、日本の大地に雑木の山を取りもどすことである。

宮崎市にある宮崎県猟友会の本部をたずねた際、事務局長の米良和男さんがしみじみと語っていたことが、深く印象に残っている。西都出身の米良さんは、子ども時代の〝チンチン罠〟（これは遊び）にはじまって、若いころは里山で二十年近く、鉄砲での鳥猟を経験している。

「あのころは、カモ、キジ、コジュケイ、キジバトなど、何でも獲れました。それが今はピーのひと声さえ聞こえず、さみしいものです。以前は、川の土手といえば細い竹が生い茂った豊かな自然堤防で、小鳥があふれかえるように棲んでいました」

「今はコンクリートの堤防になってしまい、畑はビニール温室で埋めつ尽くされて……。これでは、動物たちが生きていける場所がありません。西都原の畑にシカが出没するのも、無理のないことなんです」

事務局長も、はっきりと自然の破綻を認識されている。ただ、この本を通じて猟友会にお願いしたいのは、認識から一歩進んでの行動なのだ。山の一部を野生動物にもどす運動を、先頭に立って、主体的に盛り上げてほしいのである。まずは宮崎県からスタートして、いずれは大日本猟友会全体に運動を広めていただきたい。そこに、おのずと新しい狩猟文化が構築されるものと、私は信じている。

「たしかに、人工林でのスギの生産は、宮崎が日本一かもしれません。でも、現在の山の姿を見ると、結果的に国や県の林野行政は間違っていたと言わざるを得ません」

米良さんの重い指摘だ。私もまったく同感である。たとえスギの生産で日本一になろうと、その母なる山を荒廃させたのでは、何にもならない。山は文化を育む母体であり、それをないがしろにすることは、犯罪に等しい。麗しく健全な山を取りもどすための大きなうねりが、宮崎の地から全国へ波及することを願ってやまない。

さて、前作『生きている日本のスローフード』に続き、鉱脈社から二冊目の拙著を出してもらうことになった。専務の川口道子さんと社長の川口敦己さんのご理解があればこその栄誉で、感謝の言葉もない。雑誌連載中は、『岳人』編集部の銅治伸子さんの手を大いに煩わせた。また、取材に際しては、捕獲の減少を承知の上で、猟への同行を快諾してくれた林豊さんに、すべてを負っている。一期一会の縁として、今後この出会いをさらに大きく育てていきたいと思っている。

ほかにも、取材協力を惜しまなかった地元猟師の方々、特に寺原寿さんと寺原利生さん、そして愛媛の鍛冶師・松本久雄さんには、この場を借りて謝意を伝えたい。また、日向在住の古くからの友人である林利美さんにも、現地とのパイプ役を果たしてもらい、多いに助かった。併せて感謝したい。

ことしもそろそろ、秋の狩猟シーズンが近づいてきた。そう思っただけで、シシ肉のあの香ばしい味が舌に蘇ってくる。短い命だからこそ、シシにはせめて生きている間は、雑木の深い森で思う存分、〝生〟を燃焼させてほしい。人間の欲をほんの少しセーブするだけで、どれだけ彼らの生の輝きが増すことか。

平成十七年十月　残暑の日

飯田辰彦

※本書は月刊『岳人』（東京新聞出版局）の連載記事（２００５年２月号〜７月号）に、加筆・訂正をしてまとめたものである。

飯田辰彦《いいだたつひこ》

1950年、静岡県生まれ。ノンフィクション作家。国内・外の風土に根ざしたテーマで、数々の作品を世に送り出している。著書に『蘇るおいしい野菜』『永田農法・驚異の野菜づくり』（宝島社）、『匠たちの系譜』『現代仕事人列伝』『山人の賦、今も』『服部一柳伝説』（河出書房新社）、『生きている日本のスローフード　宮崎県椎葉村、究極の郷土食』『輝けるミクロの「野生」　日向のニホンミツバチ養蜂録』『ラストハンター　片桐邦雄の狩猟人生とその「時代」』『口蹄疫を語り継ぐ　29万頭殺処分の「十字架」』『日本茶の「勘所」　あの〝香気〟はどこへいった？』（鉱脈社）などがある。

みやざき文庫 38

罠猟師一代
九州日向の森に息づく伝統芸

2006年 3 月9日 初版発行
2014年 7 月8日 8 刷発行

著　者　飯田辰彦

発行者　川口敦己

発行所　鉱脈社
宮崎市田代町263番地　郵便番号880-8551
電話0985-25-1758

印刷 製本　有限会社 鉱脈社

みやざき文庫

関連本

生きている日本のスローフード
宮崎県椎葉村、究極の郷土食

民俗文化の宝庫・椎葉村に通いつづけ、村人たちの日常の食生活に光をあてて、菜豆腐、川ノリ、煮しめなど19項目に、採集から料理までを克明に追い、日本の食文化の伝統を掘りおこす労作。

みやざき文庫77［1800円＋税］

輝けるミクロの「野生」
日向のニホンミツバチ養蜂録

失われゆくニホンミツバチの養蜂。宮崎県耳川流域の養蜂家に密着取材して、ブンコづくりや分蜂から採蜜までを追った貴重な記録。尽きぬ話題が臨場感あふれるカラー写真とともに展開する。

みやざき文庫47［1800円＋税］

薬師仏の遙かなる旅路
百済王伝説の山里を「掘る」

宮崎県の中山間地・美郷町南郷区。過疎の波にさらされるこの地の歴史を掘りおこし、明日を見すえる人びとを描く。百済王伝説の里のコスモロジーがこの国の現在を、未来を照らす。

みやざき文庫105［1600円＋税］

みやざき文庫

関連本

ラストハンター
片桐邦雄の狩猟人生とその「時代」

静岡県天竜の地を舞台に、狩猟から養蜂、川漁、カモ猟と、異能のマルチハンターがくり広げる究極の技とジビエの世界を、この国の戦後の自然破壊の歴史を織りこんで描く。

みやざき文庫78［1800円＋税］

罠師　片桐邦雄
狩猟の極意と自然の終焉

遠州（静岡県）のマルチハンターの、今回はイノシシ猟に焦点をしぼった徹底ルポ。猟は〝だましあい〟という片桐の罠猟に密着。仕掛けや生け捕り猟の細部、解体から調理までの鮮やかな技の極意に迫る。

みやざき文庫99［1600円＋税］

口蹄疫を語り継ぐ
29万頭殺処分の「十字架」

二〇一〇年春から夏にかけて宮崎県内で発生し、牛と豚二十九万頭の殺処分でようやく終結した口蹄疫。「循環型畜産への示唆は今こそ必読」と全国的に共感を呼ぶ渾身の労作。

みやざき文庫85［1429円＋税］

あの戦争は何だったのか。
飯田辰彦渾身の力作

有東木の盆

日華事変出征兵士からの手紙

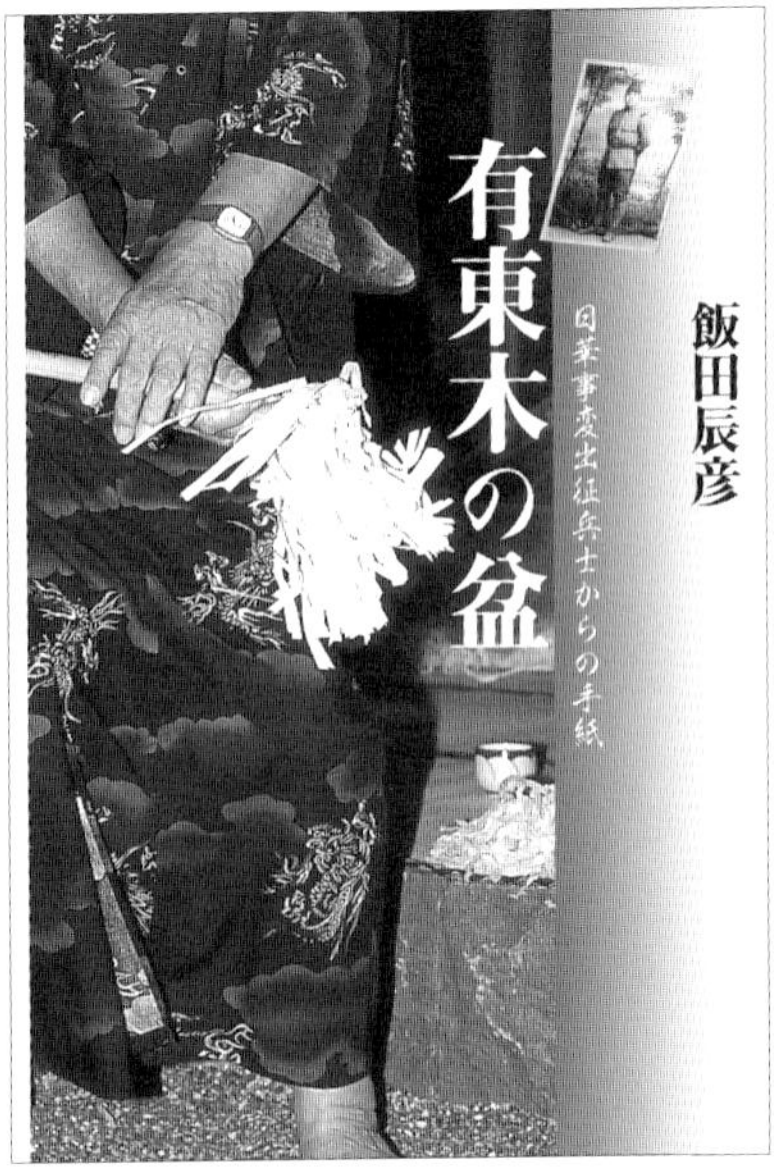

四六判上製カバー　全4色　定価（本体2000円＋税）

無名兵士と浅河貫一
75年の時空を超えた対話

［目次より］

一章　宮原松男の結婚と朝河貫一の渡米
二章　伊藤博文に手渡された『日本の禍機』
三章　「支那に上陸してから娘の姿を見ない」
四章　破壊されていない町で写真を撮る
五章　大隈重信に説いた〝覇権なきアジア外交〟
六章　戦地でも繋がっていた青年団とのパイプ
七章　皇国主義こそ何よりも優れたる危険思想
八章　ふる里へ残してきた我が子への慕情
九章　「中隊一の色男」のもうひとつの貌
十章　ふる里との往復の手紙は兵士の〝生命線〟
十一章　家族のために生き残る使命がある
十二章　君は最後まで「申し訳ない」と繰り返し……
終章　「あの世に行ったら、松男さんに会えるだか？」